# COSMOGRAPHIE

PAR

## J. RAMBOSSON

*Auteur de la Science Populaire, etc.*

Ornée de 10 gravures

PARIS

AUX BUREAUX DE LA PUBLICATION

5, RUE COQ-HÉRON, 5

1865

Tous droits réservés

1865

# COSMOGRAPHIE

## CHAPITRE PREMIER

### HISTOIRE DE L'ASTRONOMIE.

Astronomie vient du grec *aster*, astre, et *nomos*, loi. C'est la science des mouvements des corps célestes. On désigne souvent par les noms d'*uranographie* et de *cosmographie* la partie purement descriptive de l'astronomie.

Les fertiles et délicieuses plaines qu'arrosent le Tigre et l'Euphrate furent, suivant les historiens, le berceau de l'astronomie. Là, vivaient, dans un petit territoire nommé Chaldée, des savants appelés mages. Ils furent les premiers à observer le cours des astres; c'est à eux que nous devons les premières observations sur les éclipses, et probablement l'invention de la sphère et la division du zodiaque en douze constellations.

Bientôt ces connaissances se répandirent de la Chaldée dans la Phénicie et dans l'E-

gypte. L'observation que firent les Egyptiens
du mouvement de Mercure et de Vénus autour du Soleil, prouve quels furent leurs succès en ce genre ; leurs prêtres surtout s'y ren-
dirent célèbres ; mais, sous le nom d'*astrologie*, ils faisaient rapporter le mouvement des
astres aux divers événements de la vie, et
prétendaient ainsi prévoir l'avenir. Les Grecs
ne cultivèrent l'astronomie que longtemps
après les Egyptiens, dont ils furent les dis-
ciples. 640 ans avant l'ère chrétienne, Thalès
de Milet alla en Egypte pour étudier; ensuite il
fonda l'école ionienne, où il enseigna la sphéricité de la terre, l'obliquité de l'écliptique, les
causes des éclipses de soleil et de lune.
Viennent ensuite Anaximandre et Anaxagore :
c'est au premier que l'on attribua l'invention
du gnomon, du globe terrestre et des cartes
géographiques. Peu de temps après, sortit de
cette école Pythagore de Samos, disciple de
Thalès. Il fit plusieurs voyages en Egypte et
dans les Indes. Etant revenu dans sa patrie,
il fut obligé de s'en exiler, à cause de la ty-
rannie qui y régnait. Il aborda en Italie,
nommée alors Grande-Grèce, et y fonda l'é-
cole pythagoricienne. Outre les vérités de l'é-
cole ionienne, il y enseigna les deux mouvements de la Terre, l'un sur son axe et l'autre
autour du Soleil. Selon lui, les étoiles étaient
des soleils, centres d'autant de systèmes planétaires.

Après Pythagore, les plus célèbres astronomes furent : Pythéas, qui enseigna la mé-
thode de classer les climats par la longueur
des jours et des nuits ; Aristarque de Samos,

qui détermina le diamètre apparent du soleil l'an 281 avant Jésus-Christ, et calcula la distance de cet astre à la terre; Aristote, disciple de Platon, qui chercha à déterminer, par des observations astronomiques, la figure et la grandeur de la ter e.

Vient ensuite Hipparque de Bithynie, qui se distingua dans l'illustre école d'Alexandrie, 140 ans avant Jésus-Christ. Ce grand astronome, peu satisfait des observations antérieures, résolut de les recommencer toutes, et de n'admettre que celles qui seraient fondées sur un nouvel examen. Il détermina avec précision la grandeur de l'année tropique, il découvrit la précession des équinoxes; on lui doit l'usage des longitudes et des latitudes.

Trois siècles environ s'écoulèrent entre Hipparque et Ptolémée. Pendant ce long intervalle, il parut quelques observateurs, et l'astronomie ne resta pas dans l'oubli. Ce fut, en effet, à cette époque que Possidonius découvrit la vraie cause du flux et du reflux de la mer, et que le calendrier subit la réforme julienne, ainsi nommée de Jules César, qui l'ordonna.

On distingue cinq systèmes principaux, dans lesquels se trouve le reste de l'histoire de l'astronomie, savoir : le système de Ptolémée, ceux de Copernic, de Tycho-Brahé, de Descartes et de Newton.

Ptolémée était un mathématicien célèbre. La ville de Péluse lui donna naissance. Il se rendit à Alexandrie et florissait dans le deuxième siècle, vers l'an 175. Homme laborieux plutôt qu'homme de génie, il n'a guère fait que rassembler et coordonner les travaux de ses devanciers, notamment d'Hipparque; il ne corrige pas leurs inexactitudes, ou il les corrige mal; cependant il a été le plus grand astronome de son temps, et le système qu'il a exposé le dernier a retenu son nom.

Le monde, selon lui, comprend deux régions : région élémentaire, région éthérée. La région élémentaire est composée des corps que les anciens regardaient comme les quatre éléments : de la Terre, immobile au centre du monde; de l'eau, qui couvre une grande partie de la surface de la Terre; de l'air, qui est au-dessus de la Terre et du feu, qui est au-dessus de l'air. La région éthérée enveloppe la région élémentaire; elle est composée de onze cieux tournant autour de la Terre comme autour de leur centre. Au delà des onze cieux est l'empyrée, ou le séjour des bienheureux. Tous les corps célestes tournent autour de la Terre, qui est immobile au centre du monde. Ce système a subsisté pendant plus de quatorze cents ans.

Copernic, célèbre astronome, naquit à Thorn, dans la Prusse royale, en 1472, et mourut en 1543. Il visita l'Italie, afin de consulter les astronomes les plus renommés; et se lia surtout avec Régiomontanus; il enseigna quelque temps les mathématiques à Rome, puis vint se fixer dans sa patrie, à Frauenbourg, où il fut pourvu d'un canonicat par son oncle, qui était évêque.

Copernic soumit à un nouvel examen tous les systèmes proposés jusqu'à lui par les astronomes. Il a trouvé le germe du système qui porte son nom dans quelques anciens, surtout dans Philolaüs ; mais il se l'appropria réellement en l'appuyant d'une foule d'observations et de calculs. Craignant les contradictions, il ne publia ses idées qu'à la fin de sa vie ; il ne reçut le livre où elles étaient exposées que le jour même de sa mort.

Suivant son système, le Soleil est immobile au centre de l'univers, la Terre est rangée parmi les planètes, la Lune est un satellite de la Terre ; toutes les planètes font leur révolution autour du Soleil, centre général de l'univers ; elles parcourent, dans des temps différents, des orbites d'une forme ovale ou elliptique.

La Terre a trois mouvements ; qui expliquent les mouvements journaliers et annuels des cieux : le premier, de rotation sur son axe, va d'occident en orient, en décrivant le cercle équinoxial dans le cours du jour ou de la nuit. Par un effet de ce mouvement, le Soleil et les étoiles, quoique immobiles, paraissent se lever et se coucher chaque jour, et suivre une marche fixe d'orient en occident. Le second est un mouvement annuel de la Terre autour du Soleil, par lequel, en trois cent soixante-cinq jours et six heures, elle achève sa course dans le cercle écliptique, mais contre l'ordre des signes, c'est-à-dire qu'étant elle-même au Capricorne, signe du zodiaque qui répond à l'hiver, elle voit le Soleil dans le signe d'été, le Cancer, et elle a réellement l'été ; et réciproquement, lorsqu'elle correspond au Cancer, elle voit le Soleil dans le signe d'hiver, le Capricorne, et elle a réellement l'hiver.

Le troisième est un mouvement de la Terre sur elle-même par lequel, tout en conservant son axe continuellement tourné vers le même point du ciel, elle présente successivement au Soleil, dans le cours d'une année, chaque partie de sa surface. Ces deux derniers mouvements combinés ensemble procurent l'inégalité des jours et des nuits et la vicissitude des saisons.

Copernic est obligé de placer les étoiles à une distance incalculable, parce que la Terre parcourt tous les ans, autour du Soleil, une orbite qui a plus de 200 millions de lieues ; de sorte qu'à six mois d'intervalle elle doit être éloignée de plus de 60 millions de lieues de l'endroit où elle était auparavant. Cela n'est point un inconvénient, et n'empêche pas que le système de Copernic ne soit le plus simple et le plus naturel.

Tycho-Brahé est né en 1546, en Scanie, d'une des familles les plus nobles du Danemark. Il montra dès son enfance un goût déterminé pour les observations astronomiques ; il parcourut pendant cinq ans l'Allemagne et la Suisse, pour visiter les observatoires et prendre connaissance des méthodes alors usitées ; il fut chargé de cette mission par le roi de Danemark, et reçut en don de ce prince l'île de Hwen pour y faire ses observations ; il y fit construire le magnifique observatoire dit Uranienbourg, et y résida pendant dix-sept ans ; mais depuis, moins bien traité par le successeur de Frédéric, il quitta sa patrie et se rendit en Bohême, où l'empereur Joseph II lui fit construire une belle retraite, et lui fit une pension. Il mourut à Prague en 1601.

Tycho-Brahé voulut contredire le système de Copernic, qui avait dans ce temps la plus grande vogue, et l'accorder avec celui de Ptolémée, entreprise impossible, qui troubla tout. Il prétendit que la distance des étoiles fixes au Soleil, telle que l'établit Copernic, était peu vraisemblable ; et, voulant ménager certains textes de l'Ecriture sainte, que l'on disait mal à propos contredire ce système, il rétablit la Terre dans ses anciens droits. Il la place donc immobile au centre du monde, et fait tourner autour du Soleil la Lune, les planètes et les étoiles fixes, tandis que le Soleil tourne autour de la Terre avec tout son cortége planétaire. De sorte qu'il est d'accord avec Copernic, en ce qu'il regarde le Soleil comme étant le centre des astres que nous venons de nommer, et avec Ptolémée, en ce que la Terre est immobile, tandis que le Soleil et les étoiles tournent autour d'elle. Dans cette hypothèse, Vénus et Mercure passent, pendant une partie de leur révolution, entre le Soleil et la Terre, et cela explique assez bien leurs phases, que l'on aperçoit à l'aide des lunettes, et qui ressemblent à celles de la Lune. Ce système, qui a fait honneur à la subtilité de Tycho-Brahé, a été universellement rejeté.

Descartes, célèbre philosophe français, est né à Lahaye, en Touraine, l'an 1596. Il se

décida d'abord à la carrière des armes, ser-
vit comme volontaire sous Maurice de Nassau
et sous le duc de Bavière ; mais il quitta le
service au bout de peu d'années. Il se mit à
voyager, parcourut l'Allemagne, la Hollande,
l'Italie, vint à plusieurs reprises à Paris, où
il se lia avec les savants, et, après être resté
plusieurs années indécis sur le choix d'un
état, il résolut de se livrer tout entier à la
méditation. Pour y mieux réussir, il quitta la
France, où il aurait trouvé trop de distrac-
tions, et se retira en Hollande, où il vécut
dans la retraite. Les ouvrages de Descartes
attirèrent à ce grand homme beaucoup d'ad-
miration, mais ils lui suscitèrent aussi de
vives contradictions et même des persécu-
tions. La princesse Elisabeth, fille de l'élec-
teur palatin Frédéric V, recherchait ses en-
tretiens ; Mazarin lui accordait une pension
de mille écus ; enfin, la reine Christine le
pressait de se rendre à sa cour. Flatté de
cette invitation, Descartes partit pour Stock-
holm à la fin de 1649 ; mais, au bout de peu
de mois, il succomba à la rigueur du climat.
Il mourut en 1650, âgé de cinquante-quatre
ans. Ses restes furent rapportés en France
en 1667, et déposés avec honneur à Sainte-
Geneviève. Son système, que l'on appelle
communément les tourbillons de Descartes,
se rapproche assez de celui de Copernic. On
entend dans ce sens, par le mot tourbillon,
une certaine quantité de matière divisée en
une infinité de parties d'une ténuité extrême,
qui tournent toutes ensemble autour d'un
même centre qui leur est commun, tan-

dis que chacune d'elles tourne autour d'un centre qui lui est propre. Par exemple, en appliquant ce genre de mouvement aux astres, le tourbillon dans lequel nous sommes est composé du Soleil et des planètes qui tournent autour de lui, en tournant en même temps sur elles-mêmes. Descartes admet trois sortes de corps célestes : 1º des étoiles fixes qui sont toutes des soleils; 2º des planètes qui tournent autour des soleils; 3º des lunes qui tournent autour des planètes.

Newton, illustre savant anglais, est né en 1642. Il s'est placé au premier rang des mathématiciens, des physiciens et des astronomes. Sa mère le destinait à exploiter ses propriétés; mais, voyant qu'il était peu propre pour ce genre d'exploitation, elle lui laissa suivre son penchant pour l'étude. Il fut envoyé, en 1660, à l'université de Cambridge, et eut pour professeur de mathématiques le docteur Barrow. Il ne tarda pas à surpasser son maître, et fit, avant l'âge de vingt-trois ans, ses plus grandes découvertes en mathématiques : celle du binôme, qui porte son nom, et celle du calcul infinitésimal, qu'il appela le calcul des fluxions. En 1665, il quitta Cambridge pour fuir la peste, et se retira à Woolstrop; c'est là que, voyant une pomme tomber devant lui, il conçut, à l'occasion de ce fait si vulgaire, la première idée de la gravitation universelle et du système du monde. Il paraît qu'en 1692, sa raison se troubla un instant, soit par suite d'un incendie qui dévora une partie de ses papiers, soit par l'effet d'une grande contention d'esprit; depuis cette époque, il ne donna plus aucun travail original et ne fit guère que publier les fruits de ses travaux antérieurs. En 1699, l'Académie des sciences de Paris le nomma associé étranger; la Société royale le choisit, en 1703, pour son président; il garda ce titre jusqu'à sa mort. Ses dernières années furent troublées par une discussion fort vive qu'il eut à soutenir, au sujet de la découverte du calcul infinitésimal, avec Leibnitz, qu'il accusait de plagiat; il fut reconnu que Newton avait droit à la priorité, mais que Leibnitz avait, de son côté, fait la même découverte. Newton mourut en 1727, âgé de quatre-vingt-cinq ans. Tout le monde connaît ces beaux vers :

Confidents du Très-Haut, substances éternelles,
Qui brûlez de ses feux, qui couvrez de vos ailes
Le trône où votre maître est assis parmi vous,
Parlez, du grand Newton n'étiez-vous pas jaloux ?

Voici l'abrégé de son système : De même que tous les corps pesants tendent au centre de la Terre, de même les corps qui composent l'univers ont, par la force de l'attraction, une tendance générale vers le Soleil, qui est leur centre commun. Mais comme les planètes, n'obéissant qu'à la force de l'attraction, c'est-à-dire à la force par laquelle le Soleil les attire à lui, s'approcheraient de cet astre et s'y précipiteraient, Newton reconnaît deux puissances motrices qui, dès le principe, leur furent données par le Créateur : la première de ces deux puissances est la force centripète, qui attire ou porte les planètes vers le Soleil. leur centre; et la seconde, la force centrifuge, qui les en éloigne. Ces deux forces sont contre-balancées l'une par l'autre. Ainsi la Terre, au lieu d'être emportée loin du Soleil par la force centrifuge, se trouve, par l'action des deux, retenue dans son orbite, et forcée de décrire autour de lui une ellipse dont il occupe un des foyers. Newton ne s'en est point tenu aux planètes principales; il a calculé les mouvements des satellites, la route que devaient prendre les comètes, avec une justesse que toutes les observations ont démontrée.

Le flux et le reflux de la mer, la précession des équinoxes, la nutation de l'axe de la Terre, la différence du temps vrai et du temps moyen, etc., ne sont que des effets de la gravitation ou attraction et de la force centrifuge.

## CHAPITRE II

### SYSTÈME SOLAIRE.

L'ensemble du Soleil et de son cortége d'astres non lumineux par eux-mêmes, constitue ce que nous appelons le *système solaire.*

Le système solaire se compose aujourd'hui :

Système solaire.

Du Soleil; les astronomes ont l'habitude de le désigner par le signe suivant ☀. Son diamètre égale 112 fois celui de la Terre; il fait une révolution sur lui-même en 25 jours et 10 heures à peu près ;

De huit planètes principales et de 82 petites planètes ou *planètes télescopiques*, dont les orbites sont comprises entre celles de Mars et de Jupiter, et à des distances du Soleil presque égales entre elles.

Les planètes principales, rangées d'après l'ordre de leur distance croissante au Soleil, ont été appelées :

1° *Mercure*, représenté par ☿, et dont la distance moyenne au Soleil est de 13,299,742 lieues ; sa révolution périodique, de 87 jours 23 heures 14 minutes 33 secondes ; son diamètre est les deux tiers de celui de la Terre. 2° *Vénus* ♀. Sa distance moyenne au Soleil est de 24,851,885 lieues ; sa révolution périodique, de 224 jours 16 heures 14 minutes 24 secondes ; son diamètre est presque égal à celui de la Terre ; 3° La *Terre* ♁. Sa distance moyenne au Soleil est de 34,357,480 lieues ; sa révolution périodique, de 365 jours 5 heures 48 minutes et 51 secondes ; son diamètre, de 2,870 lieues ; 4° *Mars* ♂. Sa distance moyenne au Soleil est de 52,350,240 lieues ; sa révolution périodique, de 1 an 321 jours 59 minutes ; son diamètre est la moitié de celui de la Terre ; 5° *Jupiter* ♃. Sa distance moyenne au Soleil est de 178,692,550 lieues ; sa révolution périodique, de 11 ans 307 jours 14 heures 18 minutes ; son dia-

mètre, 11 fois celui de. la terre ; 6º *Saturne*
♄. Sa distance moyenne au Soleil est de
327,748,720 lieues ; sa révolution périodique,
de 29 ans 173 jours 23 heures 16 minutes ;
son diamètre est près de dix fois celui de la
Terre ; 7º *Uranus* ♅. Sa distance moyenne
au Soleil est de 659,100,560 lieues ; sa révolution périodique, de 84 ans 28 jours 17 minutes ; son diamètre est un peu plus de 14
fois celui de la terre ; 8º *Neptune* ♆. Sa distance moyenne au Soleil est de 1,050,000,000 ;
sa révolution sidérale est de 164 ans 266
jours ; la durée de la révolution synodique,
de 367 jours. Son diamètre égale près de
cinq fois celui de la Terre.

Le système solaire se compose de plus de
21 satellites de planètes : 1 pour la terre :
la *Lune*, représentée par ☾ ; 4 pour Jupiter ;
8 pour Saturne ; 6 pour Uranus ; 2 pour Neptune ; d'un grand nombre de comètes qui,
chaque jour, devient plus considérable.

## CHAPITRE III

### LE SOLEIL

*Cette étoile répandue parmi les étoiles,*
suivant l'expression d'Arago ; *le flambeau du
monde,* comme l'appelle Copernic ; *le cœur
de l'univers,* d'après Théon de Smyrne, res-
plendit à nos regards comme un globe lumineux par lui-même, lançant continuellement

Le Soleil et ses taches

et de toutes parts ses rayons destinés à porter, avec une vitesse inconcevable, la lumière
et la chaleur. La plupart des anciens philosophes le regardaient comme un corps en-
flammé. Les modernes se sont partagés à son
sujet entre deux opinions : les uns pensent
que cet astre lance effectivement une matière
lumineuse émanée de son propre disque ; les
autres croient que l'espace est rempli d'une
substance rare et élastique qu'ils nomment
*éther.* Cette substance, par des mouvements
de vibration qu'elle transmet avec une grande
rapidité, produit sur l'œil le phénomène de
la lumière, à peu près comme les vibrations
de l'air produisent dans l'oreille celui du
son. C'est cette théorie qui est aujourd'hui
universellement adoptée.

Vu au télescope, le Soleil présente des taches moins brillantes que le reste de son disque, de formes et de grandeurs différentes.
Elles s'évanouissent souvent après leur première apparition, ou parcourent quelquefois
toute sa surface visible de l'est à l'ouest.
Après douze ou treize jours, elles paraissent
de nouveau, et de manière à être reconnues
pour celles que l'on avait déjà examinées.
Parfois elles sont nombreuses et fort étendues ; on en a vu même dont la largeur éga-
lait quatre ou cinq fois celle de la Terre. En
1637, elles furent si multipliées, que la chaleur et l'éclat du Soleil en furent diminués
d'une manière sensible.

Le premier qui ait soupçonné le mouvement de rotation du Soleil paraît être Jordan
Bruno, savant napolitain, auteur d'un *Traité*

*sur l'univers*, publié en 1591. La science s'en-
richit définitivement de ce nouveau fait par
le mémoire que Jean Fabricius publia en juin
1611. « Nous imaginâmes, dit-il, de recevoir
les rayons du Soleil par un petit trou, dans
une chambre obscure et sur du papier blanc,
et nous vîmes très bien cette tache (une tache que Fabricius avait aperçue en visant
directement au Soleil), en forme de nuage allongé. Le mauvais temps nous empêcha de
continuer ces observations pendant trois
jours. Au bout de ce temps-là, nous vîmes la
tache qui s'était avancée obliquement vers
l'occident. Nous en aperçûmes une autre
plus petite vers le bord du Soleil, qui, dans
l'espace de peu de jours, parvint jusqu'au
milieu ; enfin, il y en survint une troisième ;
la première disparut d'abord, et les autres
quelques jours après. Je flottais entre l'espérance et la crainte de ne pas les revoir ; mais,
dix jours après, la première reparut à l'orient.
Je compris alors qu'elle faisait une révolution ;
et depuis le commencement de l'année, je
me tins confirmé dans cette idée et j'ai fait
voir ces taches à d'autres, qui en sont per-
suadés comme moi. Cependant j'avais un
doute qui m'empêcha d'abord d'écrire à ce sujet, et qui me faisait même repentir du temps
que j'avais mis à ces observations. Je voyais
que ces taches ne conservaient pas entre
elles les mêmes distances, qu'elles changeaient
de formes et de vitesse ; mais j'eus d'autant
plus de plaisir lorsque j'en eus senti la raison. Comme il est vraisemblable, par ces ob--
servations, que ces taches sont sur le corps

même du Soleil, qui est sphérique et solide, elles doivent devenir plus petites et ralentir leur mouvement lorsqu'elles arrivent sur les bords du Soleil. » (Traduction de Lalande.)

La nature de ces taches est encore ignorée ; mais elles nous ont fait connaître un phénomène remarquable, celui de la rotation du Soleil sur lui-même. On a conclu de leur observation suivie, que cet astre tourne sur lui-même dans une période de vingt-cinq jours, et dans le sens de la rotation diurne de la Terre, de l'est à l'ouest.

On peut voir quelques taches en grandeur proportionnelle, dans l'image photographique du Soleil obtenue en un soixantième de seconde, le 2 avril 1845, à 9 heures 45 minutes, par MM. Fizeau et Foucault.

L'astre du jour projette sans cesse ses rayons de tous les points de sa surface, et il n'est pas un instant où sa lumière ne se répande sur toutes les parties de l'univers tournées vers lui. C'est par sa chaleur qu'il vivifie notre Terre, que l'hiver et les frimas engourdissent pendant plusieurs mois de l'année. Echauffée par les ardeurs bienfaisantes du Soleil, elle sort du profond abattement où elle languissait naguère ; le printemps la fait renaître, la brise parfumée embaume notre atmosphère, l'aurore vient de meilleure heure sourire à notre horizon et la brune est plus tardive à nous couvrir de ses voiles et à laisser briller à nos yeux le scintillement des étoiles ; les jours s'agrandissent par des progrès sensibles ; le Soleil lance ses rayons plus directement sur nos têtes, ses feux s'augmentent de plus en plus jusqu'aux derniers jours de juin. Alors, perdant de son élévation, et diminuant graduellement son cours journalier, jusqu'à la fin de l'automne, il laisse peu à peu tomber la Terre dans les glaces de l'hiver.

D'après Herschell, Laplace et plusieurs autres célèbres astronomes, le Soleil est formé d'un corps obscur, entouré d'une atmosphère où flottent d'épaisses couches de nuages, et qui n'est enflammée qu'à sa partie supérieure ; d'où suit que le Soleil est habitable.

Cette ingénieuse théorie rend compte de toutes les apparences que présentent les taches dont le corps de l'astre radieux est souvent parsemé ; elle a d'ailleurs reçu, des expériences de polarisation dues à Arago, un cachet presque mathématique de certitude.

On l'a cependant remise en question dans ces derniers temps. Les doutes sont nés des résultats que donne l'analyse spectrale de la lumière solaire.

Si on soumet à cette analyse une flamme contenant des vapeurs métalliques, des raies colorées caractéristiques révèlent la présence des métaux vaporisés ; mais si derrière cette flamme est une autre source lumineuse plus intense que la première, et contenant les mêmes vapeurs métalliques que celles-ci, loin que l'éclat des raies superposées s'accroisse, les raies du foyer le plus faible absorbent celles du foyer le plus ardent, et au lieu des raies lumineuses on a des raies obscures. Or, les rayons solaires présentent précisément ces raies noires, et donnent ce que les physiciens appellent un spectre *inverse* ou *renversé*; M. Kirchhoffen conclut que le corps du Soleil est plus incandescent que son atmosphère.

Mais dans un mémoire communiqué dernièrement à l'Académie des sciences, M. Petit, directeur de l'Observatoire de Toulouse, fait remarquer que cette théorie ne rend compte ni des taches, ni des pénombres, ni des facules et des lucules, ni de l'absence de polarisation. Et comme les éclipses totales de Soleil ont récemment révélé qu'il existe autour de la photosphère une seconde enveloppe aériforme, lumineuse comme la première, mais à un moindre degré, il fait remarquer avec raison que le spectre inverse fourni par le Soleil s'explique parfaitement, si l'on suppose qu'il existe dans cette seconde atmosphère des vapeurs métalliques de même nature que celles qui existent dans la première.

Il n'y a donc nulle nécessité d'admettre que le noyau solaire soit à l'état de fusion, et l'opinion d'Herschell sur l'habitabilité du soleil est généralement admise. M. Petit ajoute : « Au lieu d'un corps incandescent, destiné fatalement à se refroidir et à s'éteindre, on pourrait concevoir alors une revivification incessante des produits de la combustion par des êtres organisés qui résideraient à la surface du noyau solaire, et maintiendraient l'équilibre, ainsi que le font ici-bas, pour notre atmosphère, les plantes et les animaux. »

Arago s'exprime ainsi : « Si l'on me posait·simplement cette question : Le Soleil est-il habité? Je répondrais que je n'en sais rien. Mais qu'on me demande si le Soleil peut être habité par des êtres organisés d'une manière analogue à ceux qui peuplent notre globe, et je n'hésiterai pas à faire une réponse affirmative. L'existence dans le Soleil d'un noyau central obscur, enveloppé d'une atmosphère opaque, loin de laquelle se trouve seulement une atmosphère lumineuse, ne s'oppose nullement, en effet, à une telle conception.

» Herschell croyait que le soleil est habité. Suivant lui, si la profondeur de l'atmosphère solaire, dans laquelle s'opère la réaction chimique lumineuse, s'élève à un million de lieues, il n'est pas nécessaire qu'en chaque point l'éclat surpasse celui d'une aurore boréale ordinaire. Les arguments sur lesquels le grand astronome se fonde pour prouver en tous cas que le noyau solaire peut ne pas être très chaud, malgré l'incandescence de l'atmosphère, ne sont ni les seuls ni les meilleurs que l'on pourrait invoquer. L'observation directe, faite par le père Secchi, de l'abaissement de température qu'éprouvent les points du disque solaire où apparaissent les taches est, à cet égard, plus importante que tous les raisonnements.

» Le docteur Elliot avait soutenu, dès l'année 1787, que la lumière du Soleil provenait de ce qu'il appelait une aurore dense et universelle. Il pensait encore, avec d'anciens philosophes, que cet astre pouvait être habité. Lorsque le docteur fut traduit aux assises d'Old-Bailey pour avoir tué miss Boydell, ses amis, le docteur Simon entre autres, soutinrent qu'il était fou, et crurent le prouver surabondamment en montrant les écrits où l'opinion que nous venons de rapporter se trouvait développée. Les conceptions d'un fou sont aujourd'hui presque généralement adoptées. L'anecdote me paraît mériter de figurer dans l'histoire des sciences. Je l'emprunte à l'article Astronomie du docteur Brewster, inséré dans l'*Encyclopédie d'Edimbourg*. »

Dès la fin de juin, le Soleil perd chaque jour de son élévation ; cependant, la chaleur ne laisse pas de s'augmenter pendant l'été ; ceci est facile à comprendre. On sait qu'un corps chauffé par le Soleil peut conserver longtemps la chaleur qu'il a reçue, quoiqu'il ne soit plus exposé à ses rayons. Si, au milieu des ardeurs de l'été, on expose au Soleil un morceau assez considérable de métal pendant une journée entière, il est certain que, revenant à neuf heures du soir, on retrouvera encore dans le métal un reste de chaleur, quoique le Soleil ait cessé de l'échauffer depuis plus d'une heure environ ; à plus forte raison, la Terre, qui est prodigieusement plus considérable que ce morceau de métal, conservera-t-elle, bien avant dans la nuit et même jusqu'au matin, la chaleur que l'astre du jour lui aura communiquée. Alors le Soleil, la trouvant encore échauffée, ajoute une nouvelle chaleur à celle qu'elle a conservée, et la Terre en retient encore davantage les nuits suivantes. C'est ainsi que la chaleur augmente, soit dans le sein de la Terre, soit dans l'air, auquel elle se communique, jusqu'à ce que les nuits, devenant de plus en plus longues, notre globe perde insensiblement et par degrés la chaleur qu'il avait contractée pendant l'été.

Le Soleil est placé au centre de notre système planétaire ; il voit la Terre tourner autour de lui dans l'espace de trois cent soixante-cinq jours et six heures environ. Jusqu'au temps de Copernic, on crut que la Terre était immobile et que le Soleil tournait autour d'elle ; mais alors on ignorait notre immense éloignement du Soleil et la véritable grandeur de cet astre, et on ne voyait point d'inconvénient à le faire tourner autour de notre planète.

De nos jours, qu'il est prouvé que le Soleil est près de quatorze cent mille fois plus gros que la Terre, on le regarde comme immobile au centre du monde, et notre globe tournant autour de lui dans l'espace d'une année. Comment serait-il possible qu'un corps d'une grandeur aussi prodigieuse que le Soleil pût parcourir, en vingt-quatre heures, un orbe de 200 millions de lieues, ce qui ferait près de 9 millions de lieues par heure ; et les étoiles, ces globes immenses dont on ne peut mesurer la juste grandeur, seraient obligées de parcourir plus de 50 millions de lieues par seconde ?

Et d'ailleurs, comment le globe immense du Soleil pourrait-il circuler autour d'un corps aussi petit que la Terre, sans le remuer et l'entraîner, s'il y est uni par des liens invisibles? ou, dans le cas contraire, comment ne poursuit-il pas seul sa course dans l'espace en abandonnant la Terre? Quand on lance de bas en haut deux pierres réunies par un cordon, on les voit circuler autour d'un point compris dans l'intervalle qui les sépare, et qui est leur centre commun de gravité. Si l'une est beaucoup plus pesante que l'autre, le centre de gravité sera d'autant plus rapproché de la première, et pourra même être situé dans son intérieur, de sorte que la petite paraîtra circuler seule autour de la grande, qui n'éprouvera que de faibles déplacements. La physique nous apprend que l'on trouve le point du centre de gravité de deux corps en partageant leur distance mutuelle en raison inverse de leur poids ou de leur masse, et, par le calcul, on découvre que le rapport de la masse du Soleil à celle de la Terre est celui de 1,384,936 à 1. Il en résulte que le centre commun de gravité de ces deux corps n'est situé qu'à 97 lieues du centre du Soleil.

L'astre du jour ne change donc pas de place; la Terre tourne autour de lui dans l'espace de 365 jours, tout en tournant sur elle-même dans l'espace de 24 heures. Le premier témoignage de nos yeux nous porterait naturellement à croire que le Soleil et les autres astres tournent autour de la Terre: c'est l'illusion qui a induit les anciens astronomes en erreur.

La distance du Soleil à la Terre est de 34,500,000 lieues environ. Un boulet parcourant 840 mètres par seconde, ou 663 lieues par heure et 15,900 par jour emploierait plus de six années à traverser cet espace, en supposant que sa rapidité fût toujours aussi grande qu'au sortir du canon.

Le diamètre du Soleil est de 320,000 lieues, ce qui fait à peu près quatre fois la distance qui nous sépare de la Lune. Son éloignement varie selon les différentes saisons ; c'est pourquoi le diamètre apparent du Soleil ne conserve pas les mêmes dimensions. Ce phénomène remarquable est occasionné par la translation de la Terre dans une courbe elliptique qui nous rapproche davantage du Soleil en hiver qu'en été. C'est pour cela que son disque nous paraît plus grand dans la première de ces deux saisons.

Personne n'ignore maintenant la révolution de la Terre autour du Soleil, la révolution propre de cet astre, etc., etc.; mais ce que tout le monde ne sait pas et qui étonne, lorsqu'on l'apprend pour la première fois, c'est que le système solaire, c'est-à dire le Soleil, la Terre, les planètes et les lunes ont un mouvement de translation commun et incessant du côté de la constellation d'Hercule.

Herschell prouva, dit M. Arago, que les irrégularités, en apparence inextricables de tant de mouvements propres stellaires, tiennent en grande partie au déplacement du système solaire ; qu'enfin, le point de l'espace vers lequel nous nous avançons chaque année est situé dans la constellation d'Hercule.

Ces résultats sont magnifiques. La découverte du mouvement propre de notre système comptera toujours parmi les plus beaux titres de gloire d'Herschell, même après les conjectures antérieures de Fontenelle, de Bradley, de Mayer, etc.

A côté de cette grande découverte, on doit en placer une autre qui semble avoir encore plus d'avenir. Les résultats qu'elle permet d'espérer sont d'une extrême importance. La découverte dont il s'agit a été annoncée au monde en 1803 ; c'est celle de la dépendance réciproque dans laquelle sont certaines étoiles, qui sont liées les unes aux autres comme les diverses planètes de notre système et leurs satellites sont liés au Soleil.

Tant de merveilles nous élèvent naturellement jusqu'à l'être des êtres, qui, pour éclairer l'univers, n'eut besoin que de ce mot : *Que la lumière soit!* Et aussitôt la lumière porta ses rayons étincelants jusqu'aux extrémités des mondes les plus reculés.

---

# CHAPITRE IV

## MERCURE

Mercure est la plus petite des planètes principales, et la plus voisine du Soleil. Il est toujours tellement plongé dans les rayons de cet astre qu'on a beaucoup de peine à le distinguer à l'œil nu, même à l'époque de son plus grand écart. Cependant, les Grecs, frappés de l'intensité parfois si vive de sa

lumière, lui donnèrent l'épithète d'*étince-*
*lant.*

Au télescope, Mercure présente des phases comme la Lune, ce qui prouve son opa-
cité ; c'est aussi parce qu'il est opaque que
lorsqu'il passe sur le disque du Soleil, il s'y
meut sous la forme d'un point noir.

La distance moyenne de Mercure au Soleil
est de 13 millions de lieues; d'où il résulte
que le Soleil, vu de Mercure, paraît trois fois
plus grand qu'il ne l'est à nos yeux, et que
la chaleur y est sept fois plus forte que celle
de notre zone torride. Cette température,
qui est supérieure à celle de l'eau bouillante,
est sans doute tempérée par une atmosphère
considérable. La planète elle-même doit être
d'une nature très dense; car si les matériaux
dont elle se compose étaient susceptibles de
s'échauffer comme ceux de la terre, ils seraient bientôt fondus et vitrifiés.

Mercure parcourt, en quatre-vingt-huit jours
et vingt-trois heures, une orbite de 84,522,240
lieues autour du Soleil, ce qui fait 37,520
lieues environ à l'heure, et 609 par minute.
C'est à cause de cette étonnante rapidité que
les Grecs lui donnaient le nom de *Mercure*,
messager des dieux. Son volume est seize
fois moindre que celui de la Terre. On lui reconnaît un mouvement de rotation en 24
heures 5 minutes 30 secondes, autour d'un
axe incliné de 7 degrés au plan de l'écliptique, ce qui doit y occasionner une grande
inégalité de jours et de saisons. Son diamètre
est d'environ 1,200 lieues, et sa plus petite
distance de la Terre d'environ 21 millions

Une particularité que présente cette planète, c'est que, dans le périgée, c'est-à-dire le point où elle se trouve le plus rapprochée de nous, elle paraît plus petite que dans l'apogée, point où elle se trouve le plus éloignée, parce que, dans le périgée, elle n'est point éclairée de notre côté, au lieu que, dans l'apogée, la partie de son disque que le Soleil éclaire est presque en face de nous et se remarque bien plus facilement. On y a aussi reconnu des montagnes dont la hauteur excède 16,000 mètres.

Une chose assez remarquable, c'est que Copernic, qui tira du mouvement de Mercure un si puissant argument contre le système de Ptolémée, se plaignait, à l'âge de soixante-dix ans, sur son lit de mort, de n'avoir jamais pu, malgré tout ses efforts, apercevoir cette planète. Cependant elle fut connue de toute l'antiquité, et les anciens, qui ne connaissaient pas le vrai système du monde, trompés par la double apparition de Mercure, tantôt après le coucher, tantôt avant le lever du Soleil, crurent d'abord qu'il s'agissait de deux astres distincts et nommèrent l'un Apollon, dieu du jour et de la lumière, et l'autre Mercure, dieu des voleurs.

Les Indiens et les Egyptiens, qui avaient voué un culte à cette planète, lui donnèrent de même deux noms différents. Mais les observateurs finirent par remarquer qu'une seule des deux étoiles était visible à la fois, et que l'apparition de l'une coïncidait à fort peu près avec la disparition de l'autre, on reconnut bientôt ensuite que ces deux apparitions étaient produites par le même astre.

S'il y a des habitants dans Mercure, il faut qu'ils possèdent une nature physique différente de la nôtre. Dans un tableau où il faut faire une grande part à l'imagination, Fontenelle fait le tableau suivant de ceux qu'il suppose y exister. « Ils sont, dit il, deux fois plus proches du Soleil que nous ; ils le voient neuf fois plus grand que nous ne le voyons ; il leur envoie une lumière si forte que, s'ils étaient ici, ils ne prendraient nos plus beaux jours que pour de très faibles crépuscules, et peut-être n'y pourraient-ils pas distinguer les objets ; et la chaleur à laquelle ils sont accoutumés est si excessive, que celle qu'il fait ici, au fond de l'Afrique, les glacerait. Apparemment notre fer, notre argent, notre or se fondraient chez eux, et on ne les y verrait qu'en liqueur, comme on ne voit ordinairement ici l'eau qu'en liqueur, quoiqu'en certain temps ce soit un corps fort solide.

» Les gens de Mercure ne soupçonneraient pas que, dans un autre monde, ces liqueurs-là, qui font peut-être leurs rivières, sont des corps les plus durs que l'on connaisse.

» Il faut qu'ils soient fous à force de vivacité. Je crois qu'ils n'ont point de mémoire non plus que la plupart des nègres ; qu'ils ne font jamais de réflexions sur rien ; qu'ils n'agissent qu'à l'aventure et par des mouvements subits, et qu'enfin c'est dans Mercure que sont les Petites-Maisons de l'univers. »

Voilà un tableau peu flatté ; s'il y a des habitants dans Mercure, il faut espérer qu'ils sont mieux partagés que cela. Rien ne s'oppose à ce que l'harmonie qui pourrait exister entre leur organisation et le climat de leur planète permit à leurs facultés intellectuelles et morales un développement plus heureux même que celui que nous voyons sur notre globe.

———

# CHAPITRE V

## VÉNUS.

I. — Vénus est la seule planète dont Homère ait parlé ; il la désigne par une épithète qui marque la beauté. Cette planète a aussi été nommée Junon et Isis. On n'a pas toujours reconnu l'identité des astres brillants que l'on voyait tantôt le matin, tantôt le soir ; aussi, lorsqu'elle se couchait quelque temps après le Soleil, les anciens l'appelaient *Vesper*, ou étoile du soir : quand elle précédait cet astre à son lever, on lui donnait le nom de *Lucifer*, où étoile du matin. Vénus était appelée *Sukra* chez les Indiens, c'est-à-dire l'Éclatante. Tout le monde sait qu'on la désigne souvent sous le nom d'étoile du berger. Les mesures micrométriques montrent que le diamètre apparent de Vénus est compris entre 9″,5 et 62″. Ces différences énormes viennent de ce qu'elle s'approche de notre globe à une distance de 9,750,000 lieues, et s'en éloigne jusqu'à 65 millions.

Elle est à peu près à 24 millions de lieues du Soleil, et parcourt autour de lui, en 224 jours 14 heures 49 minutes, un orbe de 157,843,112 lieues, c'est-à-dire 28,952 lieues par heure, et 482 par minute.

II. — Tout considéré, il paraît que Vénus a un diamètre, et un volume par conséquent, inférieurs au diamètre et au volume de la Terre; mais la différence est trop petite pour que l'on soit certain que les observations en donnent la valeur absolument exacte. La quantité de lumière et de chaleur envoyée par le Soleil à Vénus est à peu près le double de celle envoyée à la Terre. Quelquefois on a aperçu la partie obscure de cette planète dessinant dans le ciel une lueur terne et mate. Quelques astronomes ont attribué cette clarté à la phosphorescence de l'atmosphère ou de la partie solide de cette planète. Ce curieux phénomène pourrait aussi être expliqué à l'aide d'une certaine lumière cendrée, analogue à celle de notre Lune, et qui aurait sa cause dans la lumière réfléchie par la Terre ou par Mercure vers la planète. Peut-être aussi l'atmosphère de la planète est-elle quelquefois le siége, dans toute son étendue, de lumières analogues à celles qui, sur la Terre, constituent les aurores boréales.

III. — Vénus est quelquefois si resplendissante, qu'on la voit à l'œil nu en plein jour. Le public ignorant rattache ces apparitions, comme celles des comètes, aux événements contemporains. Les phénomènes de visibilité de cette planète doivent se reproduire, à l'orient ou à l'occident du Soleil, tous les vingt-neuf mois; ceux de plus grande visibilité possible reviennent tous les huit ans. Les anciens avaient déjà remarqué qu'à nuit close, et sans lune, la lumière de Vénus produit parfois des ombres sensibles. Varron rapporte qu'Enée, dans son voyage de Troie en Italie, apercevait constamment cette planète, malgré la présence du Soleil au-dessus de l'horizon. Le même auteur disait, au témoignage de saint Augustin, dans un de ses ouvrages actuellement perdu, qu'à une époque déjà éloignée de son temps, Vénus avait changé d'intensité et de couleur. Le général Bonaparte, se rendant au Luxembourg, où le Directoire devait lui donner une fête, fut très surpris en voyant la foule, réunie dans la rue de Tournon, prêter plus d'attention à la portion du ciel placée au-dessus du palais, qu'à sa personne et au brillant état-major qui l'accompagnait. Il questionna, et apprit que les curieux voyaient avec étonnement, quoique ce fût en plein midi, une étoile qu'ils prenaient pour celle du vainqueur de l'Italie, allusion à laquelle l'illustre général ne sembla pas indifférent lorsque lui-même eut remarqué l'astre radieux, qui n'était autre chose que Vénus.

IV. — Un fait singulier, c'est qu'assez longtemps après la découverte de la lunette, Galilée n'avait pas songé à la diriger sur Vénus, pour rechercher si cette planète avait des phases ou en était dépourvue. Ce n'est que vers la fin de septembre 1610, que le savant astronome, ayant exploré le ciel avec une lunette nouvellement construite, aperçut, à Florence, que Vénus avait des phases comme la Lune.

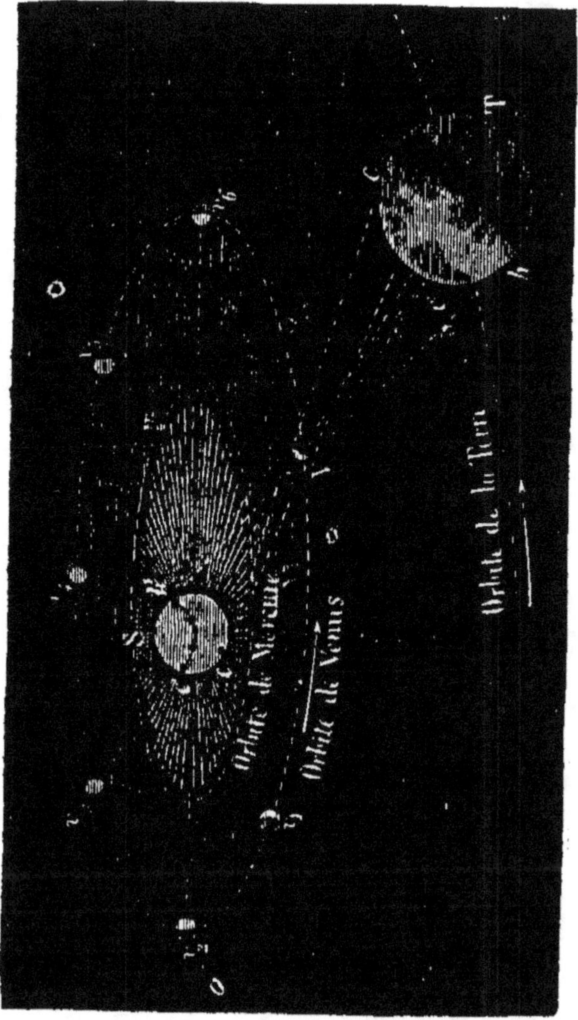

Vénus et les principaux phénomènes qu'elle présente.

Afin de suivre et de vérifier cette découverte sans courir la chance de se la voir enlever, l'illustre observateur la cacha sous cet anagramme :

*Hæc immatura à me jam frustra leguntur. o. y* (1).

En plaçant les trente-quatre lettres précédentes dans un autre ordre, Galilée en tira ces mots très catégoriques :

*Cythiæ figuras emulatur mater amorum* (2).

Le père Castelli demandait au célèbre philosophe de Florence, dans une lettre datée du 5 novembre 1610, si Vénus et Mars ne présentaient pas de phases. Galilée répondit qu'il y avait beaucoup de recherches à faire, mais que, vu le très mauvais état de sa santé, il se trouvait beaucoup mieux dans son lit qu'au serein. Cependant, le 30 décembre 1610, Galilée annonçait à Castelli qu'il avait reconnu les phases de Vénus.

V. — Les taches obscures que l'on voit dans Vénus sont très déliées; elles occupent une grande partie du diamètre de la planète; leurs extrémités n'ont rien de tranché. Bianchini aperçut, en 1726, vers le milieu de la planète, sept taches, qu'il appela des mers communiquant entre elles par des détroits, et offrant huit promontoires distinctifs. Il en dessina les figures et leur assigna le nom d'un roi de Portugal, son bienfaiteur, et les

(1) Ces choses, non mûries et cachées encore pour les autres, sont lues par moi.
(2) La mère des amours suit les phases de Diane.

noms des navigateurs les plus célèbres par leurs voyages. Dans le mois d'août 1700, La Hire, observant Vénus de jour, près de sa conjonction inférieure, avec une lunette grossissant quatre-vingt-dix fois, aperçut sur la partie intérieure du croissant des inégalités qui ne pouvaient être produites que par des montagnes plus hautes que celles de la Lune. Schrœter, portant son attention sur la partie du croissant très voisine des cornes, les vit quelquefois tronquées. Le 28 décembre 1789, le 31 janvier 1790 et le 27 février 1793, il aperçut près de la corne méridionale, comme cela serait arrivé en observant la Lune, un point lumineux tout à fait isolé, c'est-à-dire séparé par un espace obscur du reste du croissant. Si la planète était sans aspérités et parfaitement lisse, son croissant se terminerait toujours par deux pointes exactement pareilles et très aiguës; mais si Vénus est couverte de montagnes, leur interposition sur la route des rayons lumineux venant du soleil empêchera quelquefois l'une ou l'autre des cornes, ou toutes les deux à la fois, de se former régulièrement, le croissant n'aura plus alors une entière symétrie. Les choses se passent ainsi : Vénus n'est donc pas un corps poli; il existe à sa surface des montagnes, comme cela a lieu pour la Lune, et ces montagnes surpassent énormément en hauteur les montagnes terrestres. Le résultat des mesures prises donne 44,000 mètres ou 11 lieues pour les plus hautes montagnes de Vénus; elles sont donc cinq fois plus élevées que les plus hautes montagnes de la Terre.

VI. — Lorsque, le matin, Vénus se plonge dans les rayons du Soleil, ou que, le soir, elle se dégage de sa lumière, son diamètre est très petit et son disque presque rond. Ce diamètre est beaucoup plus grand et la planète paraît très échancrée, comme l'est la Lune dans des positions pareilles, quand elle disparaît le soir, dans le crépuscule, ou qu'elle s'en dégage le matin. La concavité du croissant de cette planète est tournée le soir vers l'orient; le matin, au contraire, elle est tournée vers l'occident. Elle est à moitié pleine aux époques intermédiaires à celles que nous venons d'indiquer. On peut expliquer très simplement ces phénomènes, en supposant que Vénus circule suivant une courbe fermée dans l'intérieur de laquelle le Soleil est placé; qu'elle n'est pas lumineuse par elle-même, et que la plus grande partie de la lumière dont nous la voyons briller est empruntée au Soleil. La planète, étant située au delà du Soleil, a la même longitude que lui, et passant au méridien vers midi, on dit qu'elle est alors en *conjonction supérieure;* la *conjonction inférieure* se produit aussi vers midi, à l'époque où, les deux mêmes astres ayant une égale longitude, la planète occupe une position intermédiaire entre le Soleil et la Terre. Vénus passe sur le disque du Soleil de gauche à droite, comme une tache noire d'un diamètre apparent de 59 secondes. Ses passages sont des phénomènes très rares : le premier qu'on ait remarqué a eu lieu au mois de novembre 1631, ensuite le 5 juin 1761, puis le 3 juin 1769. Après s'être succédé dans l'inter-

valle de huit ans, ils ne reparaissent plus
qu'après cent treize ans et demi, pour revenir encore ainsi périodiquemen*. Le prochain
passage ne devra donc avoir lieu qu'en 1874,
et le suivant en 1882. La cause de ces périodes

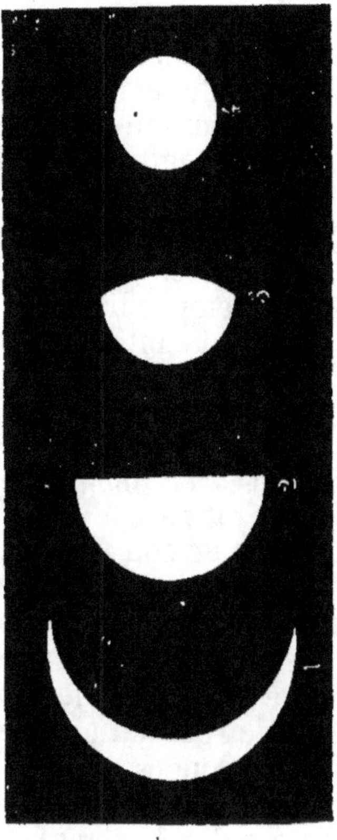

Phases de Vénus.

est l'inclinaison de cette planète sur l'écliptique. Il est à remarquer que .ses passages sur
le disque solaire servent à déterminer la paral-
laxe du Soleil, et l'éloignement de cet astro à
la Terre.

VII. — On a calculé que Vénus avait une atmosphère d'une étendue et d'une force réfractive peu différentes de celle de la Terre, à l'aide de l'ombre qui se montre sur la surface du Soleil, quelques secondes avant que le corps noir de Vénus touche les bords de cet astre au temps de son passage. Cette observation est encore confirmée par la loi de la variation graduelle de la lumière, passant du côté éclairé à celui qui ne l'est pas. Elle se montre pendant cent quatre-vingt-dix jours alternativement étoile du matin et étoile du soir ; il peut, sans doute, paraître étonnant qu'elle semble rester à l'est et à l'ouest du Soleil, plus de temps qu'elle n'en met à accomplir sa période autour de lui ; mais cette différence s'explique facilement lorsque l'on fait attention que la Terre tourne elle-même autour du Soleil, et qu'elle suit Vénus dans sa course, mais avec moins de rapidité. On doit aux observations de Dominique Cassini la connaissance de son mouvement de rotation autour d'un axe formant un angle considérable autour de l'écliptique, ce qui doit y produire, comme sur Mercure, des saisons et des journées fort inégales. La durée de ce mouvement de rotation est fixée à 23 heures 21 minutes 7 secondes.

VIII. — Terminons par un passage de l'éloquent auteur des *Harmonies de la nature* sur la description de cette planète et sur ceux qui l'habitent peut-être : « Vénus doit donc être parsemée d'îles, qui portent chacune des pics cinq ou six fois plus élevés que celui de Ténériffe. Les cascades brillantes qui en découlent arrosent leurs flancs couverts de verdure et viennent les rafraîchir. Ses mers doivent offrir à la fois le plus magnifique et le plus délicieux des spectacles. Supposez les glaciers de la Suisse, avec leurs torrents, leurs lacs, leurs prairies et leurs sapins, au sein de la mer du Sud ; joignez à leurs flancs les collines du bord de la Loire couronnées de vignes et de toutes sortes d'arbres fruitiers ; ajoutez à leurs bases les rivages des Moluques plantés de bocages où sont suspendus les bananes, les muscades, les girofles, dont les doux parfums sont transportés par les vents ; les colibris, les brillants oiseaux de Java et les tourterelles qui y font leurs nids, et dont les chants et les doux murmures sont répétés par les échos. Figurez-vous leurs grèves ombragées de cocotiers, parsemées d'huîtres perlières et d'ambre gris, les madrépores de l'océan Indien, les coraux de la Méditerranée, croissant, par un été perpétuel, à la hauteur des plus grands arbres, au sein des mers qui les baignent ; s'élevant au-dessus des flots par des reflux de vingt-cinq jours, et mariant leurs couleurs écarlates et purpurines à la verdure des palmiers, et, enfin, des courants d'eau transparente qui reflètent ces montagnes, ces forêts, ces oiseaux, et vont et viennent d'île en île, par des flux de douze jours et des reflux de douze nuits, vous n'aurez qu'une faible idée de ces paysages de Vénus. Le Soleil s'élevant, au solstice, au-dessus de son équateur de plus de 71 degrés, le pôle qu'il éclaire doit jouir d'une température beaucoup plus agréable que celle de nos plus doux printemps. Quoique les longues nuits de cette planète ne soient point éclairées par des lunes, Mercure, par son éclat et son voisinage, et la Terre, par sa grandeur, lui tiennent lieu de deux lunes. Ses habitants, d'une taille semblable à la nôtre, puisqu'ils habitent une planète du même diamètre, mais sous une zone céleste plus fortunée, doivent donner tout leur temps aux amours. Les uns, faisant paître des troupeaux sur les croupes des montagnes, mènent la vie des bergers; les autres, sur les rivages de leurs îles fécondes, se livrent à la danse, aux festins, s'égayent par des chansons ou se disputent des prix à la nage, comme les heureux insulaires de Taïti. »

## CHAPITRE VI

### LA TERRE.

La Terre, cette patrie du genre humain, cette mère commune, suivant l'expression de l'antiquité, nous est, sous certains rapports, moins connue que les astres qui nous entourent. On a presque évalué le nombre des molécules qui constituent le Soleil, et des planètes qui forment son majestueux cortége. On les a pesées dans des balances mathématiques, on a étendu le cordeau sur les départements du ciel qui forment notre horizon ; et, chose singulière, beaucoup de gens du monde qui ne sont pas étrangers à la connaissance des phénomènes célestes, ont les plus étranges préjugés sur le globe que nous habitons. Il n'est donc pas inutile de résumer ici ce que la science nous en apprend de plus récent et de plus curieux.

Isolée dans l'espace et sans soutien d'aucune sorte, la Terre fait sa révolution autour du Soleil en 365 jours et un quart environ, exactement en 365 jours 6 heures 9 minutes 10 secondes 7. La vitesse de translation par seconde est de 30,400 mètres ou de 7 lieues 6 dixièmes.

A mesure que l'on s'éloigne des corps, les détails s'effacent et les grandes lignes deviennent de plus en plus apparentes. Aussi, la Terre transportée à une grande distance, par exemple dans la région de la Lune, se présenterait à nous sous l'aspest d'un globe sphérique ; elle nous paraîtrait ronde et lumineuse comme notre satellite.

La forme de la Terre est celle d'un sphéroïde aplati aux pôles, et renflé à l'équateur, et dont l'aplatissement est de $\frac{1}{300}$.

Les inégalités de la surface générale du niveau n'excèdent jamais, en hauteur verticale, un cent millième du rayon terrestre, et ne pourraient être exprimées sur un globe de 10 mètres de diamètre.

La forme de la Terre est précisément celle

que prendrait une masse fluide douée d'un mouvement de rotation autour d'un axe fixe, et notre planète a précisément un semblable mouvement qui produit le jour et la nuit.

Les plus hautes montagnes, n'ayant pas en élévation la millième partie du rayon terrestre, nuisent moins à la régularité de la forme de la Terre que les inégalités que nous présente la peau d'une orange.

L'air qui enveloppe la Terre de toute part, comme les parties solides ou liquides qui obéissent aux lois de la pesanteur, doit avoir la même forme.

Il est prouvé par plusieurs observations que la Terre est à peu près sphérique ou ronde. Pour nous convaincre que la Terre a cette forme, supposons qu'elle soit plane ou plate : dès que le Soleil paraîtrait sur l'horizon, sa lumière se répandrait aussitôt et également sur toute sa surface; or, c'est ce qui n'arrive point, ce qui prouve qu'elle doit avoir une convexité quelconque. Un vaisseau qui s'éloignerait d'un port paraîtrait ne diminuer que de grandeur, si la terre était plane; mais les choses ont lieu autrement : on en voit d'abord disparaître le corps, puis les voiles, enfin le haut des mâts; et quand il revient, il semble sortir peu à peu des flots; pour que de tels effets aient lieu, il faut que la surface de la Terre soit bombée ; or, comme ces effets sont produits sur tous ses points, il faut nécessairement qu'elle ait à peu près la forme d'une boule. Magellan, célèbre voyageur, qui le premier a fait le tour du globe, a reconnu cette vérité : parti de l'Espagne et se dirigeant vers l'occident, un de ses vaisseaux est rentré en Europe dans un sens opposé, c'est-à-dire comme s'il arrivait de l'orient.

Le changement d'aspect du ciel à mesure qu'on s'éloigne du lieu que l'on a quitté, est une nouvelle preuve de la convexité de la Terre : dans quelque direction que l'on avance, on découvre de nouveaux astres ; les étoiles du côté vers lequel on marche s'élèvent, tandis que celles du lieu que l'on a quitté paraissent s'abaisser, et finissent par devenir invisibles en arrivant sous l'horizon. C'est la seule courbure de la Terre qui produit tous ces phénomènes et qui nous empêche de voir tous les astres à la fois. L'ombre de forme sphérique que la Terre projette sur la Lune quand il y a éclipse de celle-ci, c'est-à-dire quand la Terre se trouve entre la Lune et le Soleil et qu'elle intercepte les rayons de cet astre, prouve évidemment la sphéricité de la Terre ; il n'y a qu'une sphère qui, dans toutes ses positions, puisse produire une ombre ronde. Si la Terre est un globe, comment les maisons, les hommes, les animaux, tous les objets qui se trouvent à sa surface, peuvent-ils s'y tenir sans tomber ? Pourquoi les eaux de la mer, des fleuves, des lacs, ne sortent-elles pas de leurs lits ? La réponse est facile. Tout le monde a observé l'effet de l'aimant, qui a la propriété d'attirer le fer ; que l'on se figure donc une boule de cette substance à la surface de laquelle on présenterait de la limaille de fer : cette limaille serait attirée, il ne s'en détacherait que les parcelles sur lesquelles la force attractive de l'aimant ne pourrait suffisamment s'exercer. La Terre a une propriété attractive qui ressemble à celle de l'aimant, et par laquelle elle attire vers son centre tous les corps qui sont à sa surface ; et lorsqu'un corps tombe, il tend vers le centre de la Terre. Le fruit qui se détache de sa tige, la pierre qui échappe à la main qui la soutenait, se précipitent à la surface de la Terre, entraînés par cette force secrète à laquelle on a donné le nom d'*attraction*. Cette force réside dans tous les corps de la nature. Elle s'exerce entre les masses les plus considérables comme entre les moindres particules de la matière. C'est elle qui rend raison de l'harmonie de l'univers ; c'est par elle aussi que l'on explique la formation de tous les corps. L'attraction prend des noms différents, suivant le genre d'action qu'elle exerce. Lorsqu'elle n'a pour objet que d'unir les différentes molécules qui constituent un corps, c'est l'*attraction moléculaire*. Lorsqu'elle est le lien invisible qui tient enchaînés les divers éléments qui constituent notre globe, ou cette force qui précipite à sa surface les corps qui en ont été séparés, c'est la pesanteur. Enfin, quand elle préside à la conservation de l'ordre qui règle l'univers, en retenant les corps célestes dans les limites de leur route accoutumée, elle prend le nom de *gravitation céleste* et donne les principales lois de l'astronomie.

Les mouvements des corps célestes, depuis qu'on les observe, s'accordent à démontrer la justesse de deux lois découvertes par

Newton et que l'on peut formuler ainsi :

*1° Les corps s'attirent en raison directe des masses.* — Par exemple, si un corps pèse un kilogramme, il attire comme un kilogramme ; s'il en pèse deux, sa force attractive est doublée ; s'il en pèse trois, elle est triplée, et ainsi de suite. *2° Les corps s'attirent en raison inverse du carré des distances.* — Le carré d'un nombre est le produit de ce nombre multiplié par lui-même. Ainsi le carré de 2 est 4, de 3 est 9, de 5 est 25, etc. ; par conséquent, à une distance double, la force attractive est quatre fois moindre ; à une distance triple, neuf fois moindre, et ainsi de suite en multipliant la distance par elle-même.

Un corps qui, sur la Terre, pèserait 3,600 kilogrammes, aurait encore pour la Terre un poids d'un kilogramme s'il en était à la distance de la Lune, c'est-à-dire qu'il serait attiré 3,600 fois moins par la Terre, et l'on pourrait, dit Euler, le soutenir avec un doigt.

Les habitants de la Terre qui sont diamétralement opposés les uns aux autres, par rapport aux endroits qu'ils habitent, s'appellent antipodes, ainsi, que les lieux opposés du globe. Le point du ciel qui, pour chacun des antipodes, est situé directement au-dessus de leur tête, est appelé leur *zénith*, et l'on a donné le nom de *nadir* au point opposé.

La circonférence de la Terre est d'environ 4,000 myriamètres et les plus hautes montagnes n'ont pas 8 kilomètres d'élévation, ce qui, présentant à peine la cinq millième partie de la circonférence, est très peu de chose relativemènt à l'étendue de la Terre, et n'en altère pas plus la forme qu'une éminence d'environ un millimètre. ne le ferait sur un globe de cinq mètres de contour. Quelques grains de sable sur une boule, les inégalités même qu'on remarque sur une orange, n'empêchent pas ces corps d'être ronds; il en est absolument de même des montagnes dont la surface de la Terre est hérissée.

Cette planète, étant à 34 millions de lieues du Soleil, doit parcourir, dans l'espace d'un an, une orbite de plus de 206 millions de lieues, et par conséquent 565,000 lieues par jour, 23,540 par heure, et près de 400 dans une minute. Une telle célérité, quoique cent vingt fois plus grande que celle d'un boulet de canon, n'est qu'un peu plus de la moitié du mouvement de Mercure dans son orbite.

Par un effet de la rotation sur son axe, chaque point de l'équateur parcourt en 24 heures environ 9,000 lieues ou 6 lieues et demie par minute, ou enfin 470 mètres par seconde, vitesse comparable à celle d'un boulet de canon. Ce mouvement se faisant d'occident en orient, donne lieu au mouvement apparent de tous les corps célestes d'orient en occident.

La Terre se meut sans secousses; ce mouvement est commun aux masses solides et liquides, à l'air, aux nuages, et c'est pour cela que nous sommes entraînés sans nous en apercevoir.

Nous avons toujours sous les yeux le même paysage; les lieux qui nous environnent conservent invariablement les mêmes situations entre eux et par rapport à nous; ainsi nous ne soupçonnons même pas que nous changeons de place dans l'espace, quoique chaque jour nous parcourions près de 600,000 lieues en suivant l'orbite terrestre, et près de 7 lieues par minute à l'équateur, emportés que nous sommes par le mouvement de la Terre autour de son axe.

Le mouvement de la Terre dans son orbite ne peut être attribué qu'au Soleil, avec lequel notre planète est si intimement liée, et qui exerce tout autour de lui sa puissante attraction. Sa masse prodigieuse, placée au centre de notre système planétaire, entretient dans les corps qui l'environnent l'impulsion que Dieu leur donna dès le commencement, et maintient entre eux cet équilibre admirable, sans lequel le monde ne saurait exister.

C'est à Kléper, disciple de Tycho-Brahé, que nous devons la découverte des lois immuables du mouvement des planètes. Cet habile astronome, né en 1571, à Viel, dans le royaume de Wurtemberg, était un de ces génies rares que la nature donne de temps en temps aux sciences, pour en faire éclore les grandes théories préparées par les travaux de plusieurs générations. Képler crut, comme ses prédécesseurs, que le mouvement des corps célestes devait être circulaire et uniforme; il essaya longtemps de représenter celui des planètes dans cette hypothèse; mais

après un grand nombre de tentatives inuti-
les, il franchit l'obstacle que lui opposait une
erreur accréditée par le suffrage de tous les
siècles, et fonda les trois importantes découvertes appelées, depuis, *lois de Képler*, qui
reposent sur le mouvement elliptique des
planètes autour du Soleil : ces lois sont si
exactes, que par elles on peut calculer le retour d'une planète à quelque point donné
que ce soit de son orbite. Képler, cependant, ne put parvenir à découvrir quelles
étaient les forces qui produisaient les mouvements qu'il avait si bien déterminés. Il fit
des recherches ; mais loin d'approcher du
but, il s'en écarta par de vaines spéculations.
Il était réservé à Newton de nous faire connaître le principe général des mouvements
célestes.

De même que tous les corps pesants tendent au centre de la Terre, de même les corps
qui composent l'univers ont, par la force de
l'attraction, une tendance générale vers le
Soleil, qui est leur centre commun. Mais
comme les planètes, n'obéissant qu'à la force
de l'attraction, c'est-à-dire à la force par laquelle le Soleil les attire à lui, s'approcheraient de cet astre et s'y précipiteraient,
Newton reconnut deux puissances motrices
qui, dès le principe, leur furent données par
le Créateur. La première de ces deux puissances est la force centripète, qui attire ou
porte les planètes vers le Soleil leur centre ;
la seconde, la force centrifuge, qui les en
éloigne. Ces deux forces sont contre-balancées
l'une par l'autre.

Ainsi, la Terre, au lieu d'être emportée loin du Soleil par la force centrifuge, ou précipitée sur cet astre par la force centripète, se trouve, par l'action des deux, retenue dans son orbite, et forcée de décrire autour de lui une ellipse dont il occupe un des foyers.

Ce sont ces mouvements des cieux que M. de Lamartine a décrits avec une expression si douce et si simple :

Ces sphères, dont l'éther est le bouillonnement,
Ont emprunté de Dieu leur premier mouvement.
Avez-vous calculé parfois, dans vos pensées,
La force de ce bras qui les a balancées ?
Vous ramassez souvent dans la fronde ou la main
La noix du vieux noyer, le caillou du chemin :
Imprimant votre effort au poignet qui les lance,
Vous mesurez, enfants, la force à la distance ;
L'une tombe à vos pieds, l'autre vole à cent pas,
Et vous dites : « Ce bras est plus fort que mon bras. »
Eh bien ! si, par leurs jets, vous comparez vos frondes,
Qu'est-ce donc que la main qui, lançant tous ces mondes,
Ces mondes dont l'esprit ne peut porter le poids,
Comme le jardinier qui sème au champ ses pois,
Les fait fendre le vide et tourner sur eux-mêmes,
Par l'élan primitif sorti du bras suprême,
Aller et revenir, descendre et remonter
Pendant des temps sans fin, que lui seul sait compter,
De l'espace, et du poids, et des siècles se joue,
Et fait qu'au firmament ces mille chars sans roue
Sont portés sans ornières et tournent sans essieu ?
Courbons-nous, mes enfants, c'est la force de Dieu !

Newton ne s'en est point tenu aux planètes principales, il a calculé le mouvement des satellites, la route que devaient prendre les comètes, avec une justesse que toutes les observations ont démontrée.

Le flux et le reflux de la mer, la précession des équinoxes, la nutation de l'axe de la Terre, etc., ne sont que des effets de l'attraction et de la force centrifuge.

C'est vers le 1er janvier que la Terre est le plus près du Soleil, et vers le 1er juillet qu'elle en est le plus éloignée. Dans le mois de janvier, la distance de la Terre au Soleil est de 15,200,000 myriamètres, et dans le mois de juillet, de 15,700,000 ; de sorte que la différence entre ces deux positions est de 500,000 myriamètres. Il paraît étrange que la Terre soit plus éloignée du Soleil en été qu'en hiver ; ceci peut cependant parfaitement être compris si l'on considère que la chaleur que nous recevons du Soleil, vient moins de la proximité de cet astre que de son élévation sur notre horizon et du temps qu'il y reste. Si, en tournant autour du Soleil, la Terre lui présentait toujours la même face, il y aurait une partie qui ne serait jamais éclairée ; or, c'est ce qui n'arrive pas, puisque, dans l'espace de vingt-quatre heures, nous jouissons successivement du jour et de la nuit. Il faut donc que la Terre, outre son mouvement de révolution ou mouvement annuel, en ait un autre qui produise le jour et la nuit ; il est, en effet, reconnu que la Terre tourne sur elle-même comme sur deux pivots dans l'espace de vingt-quatre heures. Le Soleil et les étoiles paraissent se lever à l'orient et se coucher à l'occident, illusion qui ne peut être produite que par le mouvement de la Terre sur elle-même en sens contraire, c'est-à-dire d'occident en orient.

Voici, en abrégeant Arago, l'historique

du mouvement de translation de la Terre autour du Soleil.

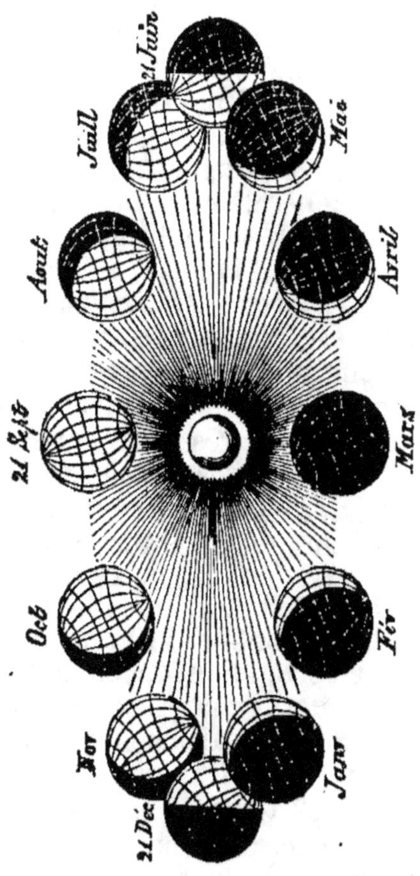


Aristarque de Samos, qui vivait vers l'an 280 avant Jésus-Christ, supposa, suivant Archimède et Plutarque, que la Terre circulait autour du Soleil, ce qui le fit accuser d'impiété. Cléanthe d'Assos, qui vivait vers l'an

260 avant Jésus-Christ, serait, suivant Plutarque, le premier qui aurait cherché à expliquer les phénomènes du ciel étoilé, par le mouvement de translations de la Terre autour du Soleil, combiné avec le mouvement de rotation de cette même Terre autour de son axe. L'explication était, suivant l'historien, tellement neuve, tellement contraire aux idées reçues généralement, que différents philosophes proposèrent de diriger contre Cléanthe une accusation d'impiété, ainsi qu'on l'avait fait contre Aristarque. Le système planétaire des anciens, tel que nous l'a transmis Ptolémée, présente donc la Terre comme le centre des mouvements des planètes. Autour de la Terre se meuvent, à peu près dans le même plan, les sept astres appelés planètes par les anciens, savoir : la Lune, Mercure, Vénus, le Soleil, Mars, Jupiter et Saturne. Tout en regardant la Terre comme le centre des mouvements des planètes, tout en supposant notre globe immobile, les anciens avaient reconnu une certaine indépendance entre les mouvements des planètes et le mouvement apparent du Soleil; mais ils ne pouvaient parvenir à saisir l'inextricable complication que leur offrait le système du monde. Copernic, au seizième siècle, chercha à résoudre toutes les difficultés du problème, en revenant aux idées autrefois soutenues par le philosophe pythagoricien Philolaüs. Ce dernier avait défendu l'opinion que la Terre était une planète circulant autour du Soleil. Copernic commence à examiner, dans son grand ouvrage *De revolutionibus*, si cette opinion peut se concilier

avec les faits observés. Il trouva alors que l'hypothèse du transport de la Terre le long d'une orbite placée autour du Soleil donne une base propre à déterminer exactement les rapports des distances des diverses planètes au Soleil, et il put construire un système du monde qui n'aura plus rien à redouter de l'examen sévère de la postérité. Dans le système de Copernic, la Terre circule autour du Soleil, en emportant avec elle la Lune comme satellite.

Il appartient à Képler d'avoir établi le vrai système planétaire, en reprenant les idées de Copernic sur la position centrale du Soleil, autour duquel les planètes circulent, et en rompant avec les vieilles hypothèses des mouvements circulaires uniformes autour d'un point excentrique idéal, vide de toute matière, et des mouvements qu'on supposait se faire dans des épicycles, Képler imagina que le Soleil est le centre des mouvements des planètes, circulant le long des circonférences d'ellipses dont l'astre radieux occupe l'un des foyers. Pour mettre cette supposition à l'abri de toute critique, pour l'établir comme une vérité désormais immuable, il exécuta un nombre prodigieux de calculs avec une infatigable persévérance. Il s'appuya surtout sur les observations de la planète Mars, faites par Tycho avec une exactitude remarquable. Il parvint à expliquer toutes les particularités du mouvement de cette planète qui avaient rebuté les efforts des anciens astronomes. Il trouva ainsi les trois lois immortelles qui portent son nom.

Les découvertes successives de nouvelles planètes n'ont fait qu'ajouter à l'évidence de ces lois.

On a calculé la densité moyenne de la Terre, par conséquent son poids, par divers procédés qui ont donné des résultats assez différents. On a eu recours aux calculs qui reposent sur l'attraction des montagnes, au pendule, à la balance de torsion et au pendule souterrain. Dans une importante communication faite à l'Académie des sciences, M. Fay donne toutes les évaluations acquises jusqu'ici à la science, et que nous allons reproduire. Carlini et Plana, par le pendule sur le mont Cenis, ont obtenu 4,39 pour la densité de la terre; Maskelyne, Hutton, Playfair, par la déviation de la verticale au mont Schehallien, 4,71 ; le colonel H. James, par la déviation de la verticale à la colline de l'Arthur-Seat, 5,32 ; Reich, par la balance de torsion de Mitchell, 5,44 ; Cavendish, par la balance de torsion de Mitchell, 5,45 ; Baily, par la balance de torsion de Mitchell, 5,66 ; Airy, par le pendule et un puits de mine de 400 mètres de profondeur, 6,57.

# CHAPITRE VII

## LA LUNE.

La Lune est, après le Soleil, le corps céleste
qui mérite le plus de fixer notre attention,
soit par rapport à sa grandeur apparente,
soit par rapport aux phénomènes particuliers
qu'elle nous présente dans son cours.

Quoiqu'elle nous paraisse très grande en comparaison des étoiles, elle l'est cependant beaucoup moins qu'aucune d'elles. Sa grandeur apparente provient de son peu de distance de la Terre, dont elle n'est éloignée que de 86,524 lieues. Le diamètre de la Lune ne nous paraît pas toujours de la même grandeur ; car elle est successivement plus rapprochée ou plus éloignée de nous ; son diamètre moyen est de 32 minutes ; celui de la Terre vu de la Lune est de 1 degré 54 minutes.

Le diamètre de la Lune est de 782 lieues, sa circonférence de 2,500, par conséquent sa surface n'est que le 13e de celle de la Terre et son volume le 49e.

La Lune est, comme la Terre, un corps opaque, qui n'a point de lumière par lui-même, mais qui reçoit sa clarté du Soleil et nous la réfléchit. C'est dans son plein qu'elle présente le plus grand éclat ; on a calculé que sa lumière était alors 360 mille fois plus faible que celle du Soleil. Cette lumière, rassemblée au foyer des plus fortes lentilles, ou concentrée au moyen d'un miroir concave, ne devient pas même assez intense pour produire un effet sensible sur le thermomètre.

La surface de la Lune est remplie de taches noires, que l'on remarque à l'œil nu, et qui produisent des réflexions diverses de lumière suivant la position où l'astre se trouve par rapport au Soleil. Vues au télescope, elles augmentent prodigieusement en nombre, elles s'étendent sur toute sa surface et offre au plus haut degré le caractère volcanique, tel qu'on peut l'observer sur le cratère du

Vésuve ou sur les terrains du Puy-de-Dôme.

Quelques-uns de ces points se présentent sous l'aspect de hautes montagnes, que l'on remarque principalement par l'ombre triangulaire qu'elles réfléchissent dans une direction opposée au Soleil. D'autres ressemblent à de profondes, à de larges cavités, toujours obscures du côté le plus rapproché du Soleil et éclairées du côté opposé. En général, les montagnes de la Lune paraissent plus élevées que celles de notre globe. Plusieurs d'entre elles sont considérées par les astronomes comme ayant huit ou dix mille mètres d'élévation, tandis que la plus haute des Cordillères, en Amérique, n'a que 6,434 mètres, à peu près une lieue et demie de hauteur perpendiculaire au-dessus du niveau de la mer.

On voit quelquefois, au delà du terme de la lumière de la Lune, des parties brillantes qui nous paraissent détachées de son disque, et semblables à des étoiles qui en seraient voisines. Ce sont des montagnes situées dans la partie obscure de sa surface, mais si élevées, que leur sommet est éclairé du Soleil pendant que le reste est dans l obscurité. Toutes ces inégalités et aspérités de la Lune nous expliquent les dentelures que l'on remarque souvent sur le bord éclairé de cet astre.

Rien n'indique que la Lune possède une atmosphère. S'il y avait une atmosphère autour de cet astre, elle deviendrait sensible dans les occultations d'étoiles et dans les éclipses de Soleil.

Un climat très extraordinaire doit donc régner à sa surface ; on doit y passer brusquement d'une chaleur plus brûlante que celle du midi de nos régions équatoriales, et soutenue pendant quinze jours, à un froid de même durée, plus excessif que celui de nos régions polaires. Il semble donc impossible, faute d'air, que des êtres vivants, analogues par leur organisation à ceux qui peuplent notre globe, se trouvent à la surface de la Lune. Rien n'y indique l'apparence d'une végétation, ni de modification dans l'état de sa surface que l'on puisse attribuer à un changement de saisons.

La Lune a trois mouvements principaux. Le premier est un mouvement annuel autour du Soleil, qu'elle exécute en même temps que la Terre, puisque ce mouvement de la Lune n'est qu'une suite nécessaire de la révolution annuelle de notre globe. Ce mouvement est analogue à celui d'une pierre placée dans une fronde que l'on ferait tourner au-dessus de sa tête en parcourant un grand cercle.

Le second mouvement de la Lune est un mouvement de rotation sur son axe, qu'elle exécute en 27 jours 7 heures 43 minutes 11 secondes. Elle met précisément le même temps à accomplir son troisième mouvement, c'est-à-dire sa révolution autour de la Terre. De là vient qu'elle ne présente jamais à notre vue que le même hémisphère, et qu'elle n'a par conséquent qu'un jour et qu'une nuit dans un mois lunaire.

La lune circule perpétuellement dans une courbe rentrante, à l'intérieur de laquelle la Terre est située.

Elle ne quitte jamais notre globe; c'est

pour cela qu'on l'a appelée son satellite.

On appelle durée de la *révolution sidérale* le temps que la Lune emploie à revenir à la même étoile. Ce temps était, au commencement de ce siècle, de 27,32 jours solaires. Il n'est pas le même dans tous les siècles. Depuis les plus anciennes observations jusqu'à nous, la révolution sidérale est devenue de plus en plus courte.

C'est Halley, le premier, qui a observé que le mouvement de la Lune s'est accéléré depuis les plus anciennes observations, surtout depuis celles faites du temps des califes jusqu'à nos jours.

De prime abord, on ne peut être que profondément surpris si l'on rapproche ce résultat des lois qui président aux mouvements célestes; car il est impossible qu'un astre se meuve autour d'un autre avec plus de rapidité, sans que sa distance à celui-ci ne diminue.

A un mouvement plus rapide de la Lune correspond une diminution dans la distance de l'astre à la Terre; de sorte que si cette vitesse augmentait indéfiniment, la Lune finirait par tomber sur la Terre. D'épouvantables révolutions physiques accompagneraient sans doute cet événement.

Ces conséquences de l'accélération observée dans les mouvements de la Lune furent longuement discutées par les astronomes vers le milieu du siècle dernier; le public n'en fut informé qu'à l'époque où Laplace eut démontré théoriquement, que l'accélération sera renfermée dans des limites fort restreintes, et qu'elle sera suivie, à une époque plus ou moins éloignée, d'un mouvement graduellement retardé.

Malgré le peu de rapport qu'il est possible d'apercevoir, au premier coup d'œil, entre la température générale de la Terre et le mouvement de la Lune, le résultat obtenu par l'illustre géomètre, a permis de prouver que cette température n'a pas varié d'un centième de degré, dans l'intervalle de deux mille ans.

On appelle *périgée* le point où la Lune se déplace, par son mouvement propre, avec le plus de vitesse, et *apogée* celui où ce même mouvement est parvenu à son minimum.

Les variations du mouvement propre et des changements de distance sont liées entre elles par une loi simple, dont la découverte est due à Képler, et que l'on peut formuler ainsi : *Les surfaces décrites par le rayon vecteur lunaire sont égales dans des temps égaux, et à partir d'un rayon vecteur déterminé, elles sont proportionnelles au temps.*

On appelle *rayons vecteurs* des lignes droites menées de la terre à la lune.

Voulant expliquer l'inégalité dans le mouvement de la Lune, qui est la plus belle découverte de Ptolémée, Bouillaud l'attribuait à un déplacement du foyer de l'ellipse lunaire ; de là le nom d'évection ou de déplacement que cette inégalité a conservé.

Le phénomène le plus curieux et le plus anciennement remarqué dans ceux que nous présente la Lune est celui des phases. La héorie en est simple ; mais on peut la rendre plus simple encore en mettant les phénomènes à la portée des yeux et de la main.

Si l'on prend un globe de bois ou de carton peint en blanc, et qu'on l'expose à la lumière d'un flambeau, on remarquera qu'il y a toujours une moitié de ce globe qui reste lumineuse, tandis que l'autre moitié est dans l'ombre. Le spectateur variant sa position à l'égard de ce globe et du flambeau, il verra plus ou moins de la partie éclairée, et plus ou moins de la partie qui reste dans l'ombre ; il assistera ainsi à une série de phases pareilles à celles que nous offre la Lune. Si l'on se place d'abord à l'opposite du flambeau, on ne verra que la demi-sphère obscure ; si l'on décrit, à partir de cette position, un quart de circonférence autour du globe, on verra la moitié de la partie lumineuse, qui prendra pour l'œil l'aspect d'un demi-cercle. En se plaçant entre le globe et le flambeau, de manière à ne pas intercepter les rayons de celui-ci, on verra en plein toute la partie éclairée. Un nouveau quart de révolution montrera un autre demi-cercle, tourné en sens inverse du premier ; enfin, de retour à la première position, on sera de nouveau en face de la partie obscure. On aura eu ainsi sous les yeux les quatre phases principales de la Lune, et on aura pu observer la série variée et continue des aspects intermédiaires. Si, au lieu de tourner autour du globe, le spectateur reste immobile et que l'on promène le globe autour de lui, les phénomènes resteront tout à fait les mêmes ; il est bien entendu que, pour avoir toujours le globe sous les yeux, le spectateur fixé au centre du cercle doit pivoter sur lui-même. On obtiendrait un effet plus prononcé si, au lieu de demander de la lumière et de l'ombre à un flambeau, on faisait cette expérience avec un globe dont l'une des moitiés, représentant la partie éclairée, serait peinte en or ou en blanc, et l'autre en noir. Après avoir ainsi observé sur un globe les phénomènes analogues aux phases de la lune, rien ne sera plus facile que de comprendre les explications qui vont suivre. Lorsque, le soir, la Lune commence à se dégager des rayons du Soleil, elle nous présente la forme d'un croissant très délié, dont la convexité est circulaire et se trouve tournée vers le Soleil, la concavité légèrement elliptique fait face à l'orient.

La largeur de ce croissant va graduellement en augmentant ; lorsque la Lune nous montre la moitié de sa partie lumineuse, sept jours se sont écoulés ; elle se trouve au quart de sa course, qu'elle achève en 29 jours ; c'est donc là le premier quartier ; elle passe au méridien à six heures du soir, et, continuant de s'avancer vers l'orient, la partie lumineuse s'agrandit de jour en jour, et se présente à nos yeux sous une forme à peu près elliptique ou ovale.

Sept jours et demi après, elle nous présente tout son hémisphère éclairé ; alors c'est la pleine Lune ; elle se lève à l'orient au même instant que le Soleil se couche à l'occident ; son passage au méridien se fait à minuit.

Dans l'intervalle de la pleine Lune au dernier quartier, la pleine Lune décroît de la même manière qu'elle a crû; sa forme devient elliptique jusqu'à ce qu'elle ne nous montre plus que la moitié de son disque.

Phases de la lune.

Alors elle est à son dernier quartier, et ne passe au méridien que vers six heures du matin; c'est pour cela qu'on l'aperçoit encore dans le ciel pendant une grande partie de la journée.

A partir du dernier quartier, la partie lumineuse diminue sans cesse, et bientôt elle ne se montre plus que sous la forme d'un croissant qui paraît le matin à l'orient, avant que le Soleil se lève, les cornes tournées en haut et opposées au Soleil; ce croissant disparaît ensuite, et la Lune redevient nouvelle, parce qu'elle se trouve de nouveau entre la Terre et le Soleil, vers lequel elle tourne son hémisphère éclairé.

La faible lueur répandue sur toute la partie obscure de la Lune dans les premiers et les derniers jours des croissants n'est encore, comme les phases, qu'un effet du mouvement de cet astre et de la circonstance de sa situation par rapport à la Terre.

La Terre réfléchit la lumière du Soleil vers la Lune de la même manière que la Lune la réfléchit vers la Terre; de sorte que, quand la Lune est nouvelle, la Terre est pour elle en opposition; c'est *pleine Terre* pour la Lune et la clarté que notre globe lui renvoie est telle, que la Lune peut, à son tour, nous la renvoyer par réflexion, et rendre ainsi visible la totalité du disque au commencement et au déclin du jour.

Ainsi, la lumière qui passe de l'hémisphère éclairé de la Terre sur la surface obscure de la Lune s'y réfléchit, revient à nous, quoique affaiblie, et nous montre toute la moitié de la Lune qui se trouve non-seulement bordée d'un croissant d'argent, mais couverte dans tout le reste d'une couleur pâle et cendrée, qui la distingue et la détache de l'azur des cieux.

Ce phénomène, connu sous le nom de *lumière cendrée*, cesse d'avoir lieu quand la Lune gagne en âge, car alors la Terre ne lui présente plus qu'une moindre portion de son hémisphère éclairé.

## CHAPITRE VIII

### DES ÉCLIPSES.

Les principales éclipses sont les éclipses *solaires* et les éclipses *lunaires*. On distingue aussi les éclipses des planètes, de leurs satellites ou planètes secondaires, et celles des étoiles : ces dernières se nomment plus particulièrement *occultations*.

Il y a *éclipse de Lune* lorsque la Terre, se trouvant interposée entre le Soleil et notre satellite, celui-ci traverse le cône d'ombre que la Terre projette au loin derrière elle. Pour que ce phénomène se produise, il faut que, au moment de l'opposition ou de la pleine Lune, cet astre se trouve dans le plan de l'écliptique, ou très près de ce plan, c'est-à-dire dans les nœuds ou aux environs. Si l'orbite de la Lune était parallèle à l'écliptique, c'est-à-dire

à la courbe que la Terre décrit autour du Soleil dans le courant d'une année, il y aurait éclipse complète toutes les fois que la Lune est pleine; mais l'orbite lunaire étant inclinée d'un peu plus de 5 degrés sur le plan de l'écliptique, la Lune se trouve tantôt au-dessus, tantôt au-dessous de ce plan. Il peut donc arriver, lorsqu'elle est pleine, qu'elle passe tout à fait en dehors de l'ombre de la Terre ou qu'elle l'effleure seulement par son bord (c'est ce que l'on appelle *apulse*), ou enfin qu'il y ait *éclipse partielle*, c'est-à-dire qu'elle entre en partie dans cette ombre. L'éclipse est *totale* quand, au moment de l'opposition, la Lune se trouve dans le nœud même; et qu'elle plonge ainsi tout entière dans l'ombre; on l'appelle *centrale* quand le centre de la Lune coïncide avec l'axe du cône de l'ombre. En s'éclipsant, le disque de la Lune perd successivement la lumière des diverses parties du disque solaire; sa clarté diminue ainsi par degrés, et elle ne s'éteint qu'au moment où le disque est complétement enfoncé dans l'ombre terrestre. La Lune n'étant pas lumineuse par elle-même, et ne brillant que lorsque le Soleil l'éclaire, il s'ensuit que, toutes les fois que, dans son mouvement de circulation autour de la Terre, elle se trouve dans des positions où la lumière du Soleil ne peut pas l'atteindre, elle doit disparaître ou s'éclipser. La Terre, étant un corps opaque, projette à l'opposite du Soleil un cône d'ombre, où la lumière de cet astre ne peut pas pénétrer. Le sommet de ce cône d'ombre s'étend très loin, à plus de trois fois la distance de la Lune à notre globe.

L'éclipse de Lune est visible pour tout l'hémisphère terrestre tourné vers cet astre. On appelle pénombre la demi-lumière que l'on observe pendant cette diminution graduelle. Jamais, dans une année, il n'y a plus de sept éclipses ; jamais il n'y en a moins de deux. Quand il n'y en a que deux, ce sont toujours des éclipses de Soleil. Les éclipses de Lune sont plus rares que celles du Soleil; quelquefois, il se passe des années qui n'en présentent aucune, telles qu'en 1763, 1767, 1788, 1789.

Les *éclipses solaires* se produisent par l'interposition de la Lune entre le Soleil et la

Terre, quand la Lune est nouvelle, c'est-à-dire quand elle est en conjonction avec le Soleil. Le disque solaire s'échancre d'un côté, et la partie obscure augmente pendant un certain temps pour diminuer ensuite et disparaître. Quelquefois, l'obscurité s'étend à tout le disque, et le Soleil disparaît complétement; quelquefois encore, c'est une large tache qui se projette sur l'astre radieux, et laisse tout autour un anneau lumineux. Il est à remarquer que les éclipses de Soleil n'arrivent que les jours de nouvelles Lunes ou des conjonctions, et que les éclipses de Lune ne s'observent au contraire que les jours des pleines Lunes ou des oppositions. La distance de la Lune à la Terre est assez courte pour que le diamètre apparent de cet astre, qui est incomparablement plus petit que le Soleil, nous paraisse aussi grand et même quelquefois plus grand. Lorsque la Lune, dans ses conjonctions, est assez près de ses nœuds pour qu'elle se trouve presque dans le plan de l'écliptique, le cône d'ombre qu'elle projette atteint la Terre, la touche d'abord en un point, la traverse ensuite, et la quitte enfin en un autre point après un certain temps; les lieux de la Terre compris dans l'espace traversé par l'ombre lunaire voient ainsi successivement le Soleil s'éclipser. Les éclipses de Soleil sont *partielles, t tales* ou *centrales ; partielles* lorsque la Lune cache seulement une partie du disque solaire; *totales* lorsque le disque entier est caché. La même éclipse de Soleil peut être *partielle* pour un lieu et *totale* pour un autre; *centrales,* celles où l'observateur se place au centre de l'ombre, sur la ligne droite qui joint les centres du Soleil et de la Lune; elles sont *totales* ou *annulaires*, selon que l'ombre lunaire atteint ou n'atteint pas toute la surface terrestre. Dans les éclipses annulaires, le disque du Soleil déborde de toutes parts celui de la Lune, et apparaît comme un anneau lumineux.

Quand les disques de la Lune et du Soleil ne font que se toucher dans leur passage, il y a ce que l'on nomme *apulse.*

Parmi les éclipses solaires les plus remarquables que l'on ait vues en France, on cite l'éclipse annulaire qui, en 1764, fut visible en plusieurs lieux; elle dura 5 heures 29 minutes 30 secondes. En 1847, le 9 octobre, pareille éclipse a été observée à Paris. Maintenant que l'éclipse de Soleil du 15 mars et celle du 18 juillet 1860 sont passées, la plus importante, visible à Paris, aura lieu le 22 décembre 1870.

La plus belle éclipse du dix-neuvième siècle, pour Paris, a eu lieu le 15 mars 1858; elle a commencé à 11 heures 21 minutes du matin. Elle a présenté sa plus grande phase à 1 heure 11 minutes; elle s'est terminée à 2 heures 28 minutes. Cette éclipse était impatiemment attendue par tous les astronomes, soit pour essayer des instruments nouveaux, soit pour faire de nouvelles expériences. Mais l'aspect du ciel n'a pas répondu aux intelligentes préparations qui s'étaient faites dans les observatoires, au premier rang desquels il faut citer l'Observatoire technomathique, dirigé alors avec tant d'intelligence par l'infatigable et savant M. Porro. Rien de plus imposant, de plus grandiose ni de plus simple en même temps que cet observatoire situé en plein air, qui n'avait d'autre voûte que le ciel même, où s'élevait la plus grande lunette du monde, et où plus de vingt des plus puissants objectifs étaient braqués dans l'espace pour lire dans les cieux, au moment où l'astre du jour allait, pour nous, perdre progressivement sa lumière. Malgré le temps peu favorable, des savants et des artistes éminents ont pu faire des observations qui profiteront sans doute à la science. Je quittais le boulevard d'Enfer, nº 10, où se trouvait ce vaste écran d'instruments astronomiques, lorsque dix photographies du soleil éclipsé étaient déjà prises par le moyen de la lunette gigantesque et sans pareille, sortie des ateliers de l'habile et ingénieux directeur de cet observatoire d'un nouveau genre.

On évalue ordinairement la grandeur des éclipses partielles en prenant pour mesure de la partie éclipsée, des douzièmes de diamètre de l'astre éclipsé, auxquels on a donné le nom de *doigts*, que l'on subdivise en 60 minutes.

On appelle moment de l'*immersion* l'instant où le bord de la Lune commence à empiéter sur le bord du Soleil, ou de tout autre astre qu'elle doit éclipser; et on désigne sous le nom d'*émersion*, le moment où les dernières parties de notre satellite cessent de se projeter sur l'astre qu'il vient d'éclipser. S'il s'agit d'une éclipse de Lune, l'immersion est le moment où le disque éclairé de cet astre commence à pénétrer dans le cône d'ombre, et l'émersion l'instant où le disque quitte ce même cône.

Toutes les éclipses lunaires et solaires reparaissent dans le même ordre, après un intervalle de dix-huit ans et onze jours environ, que l'on appelle *cycle de Méton* ou *nombre d'or*. Les Chaldéens appelaient cette période *saros*. A la suite de dix-huit années solaires, le Soleil se retrouve ainsi, soit en opposition, soit en conjonction, à la même distance des nœuds de l'orbite de la lune où il était placé à l'origine de la période. Il suffit donc d'avoir observé les éclip-es pendant une période de dix-huit ans, pour pouvoir prédire celles qui auront lieu dans une période quelconque de même durée.

Les épactes astronomiques permettent de prédire très exactement les éclipses, en calculant les conjonctions moyennes ou de nouvelles Lunes, ainsi que celles des oppositions ou de pleines Lunes, en déterminant pour ces instants la distance du Soleil au nœud de la Lune, et cherchant si cette distance tombe dans les limites où il peut y avoir éclipse.

Les éclipses peuvent donc servir à la chronologie, soit pour fixer la date exacte d'un événement éloigné, soit pour corriger de fausses indications de ce même événement caractérisées par ce même phénomène.

Hérodote, par exemple, raconte que pendant une bataille engagée entre les Mèdes et les Lydiens, il arriva une éclipse totale de Soleil qui frappa de terreur les deux armées, ce qui amena un arrangement pacifique entre les deux nations. La date de cet événement a été très contestée ; mais enfin Bally, dans un mémoire imprimé dans les *Transactions philosophiques de* 1811, a prouvé que cette éclipse n'a pu arriver ni après 629, ni avant 605 ; il assigne par un calcul astronomique des plus exacts que la rencontre des deux armées ennemies a dû avoir lieu le 30 septembre de l'an 610 avant Jésus-Christ. Képler fixa de même au 4 avril de l'année 357 avant Jésus-Christ la date d'un fait dont il est parlé dans l'ouvrage *De Cœlo* d'Aristote. Suivant Plutarque, au temps de Nicias, 413 ans avant notre ère, les Athéniens commencèrent à concevoir la possibilité des éclipses de Soleil par l'interposition de la Lune, mais ils n'avaient pas deviné ce qui pouvait occasionner les éclipses de pleine Lune. Au rapport de Diodore de Sicile, les Chaldéens étaient plus avancés que les Grecs à ce sujet ; ils savaient que la Lune n'a qu'une lumière empruntée, et que les éclipses sont produites par le passage de l'astre dans l'ombre de la Terre. Les plus anciens observateurs ont remarqué que dès le commencement d'une éclipse jusqu'à la fin, l'ombre paraît avoir sur le disque de la Lune une forme circulaire. Vers l'an 10 de notre ère, Manilius apportait déjà en preuve de la rondeur de la Terre la forme de son ombre durant les éclipses de Lune ; car l'ombre doit toujours ressembler plus ou moins au corps opaque qui en est la cause. Thalès, suivant l'opinion de tous les savants, est le premier qui ait prédit les éclipses. Anaxagore, contemporain de Périclès, fut le premier des Grecs qui écrivit clairement sur ces phénomènes et sur les diverses phases de la Lune. Dans son *Histoire naturelle*, Pline dit que le premier des Romains qui observa les éclipses de Soleil et de Lune fut Sulpicius Gallus. Rœmer, astronome distingué, auquel nous devons la découverte de la vitesse de la lumière, a inventé une espèce de planisphère et de montre, qui, par le moyen d'une manivelle que l'on tourne, marque toutes les éclipses de planètes qui ont été et qui arriveront. On trouve cette machine, avec plusieurs autres très curieuses, à l'Observatoire de Paris. M. de la Hire a aussi inventé une machine qui montre toutes les éclipses tant passées que futures, selon le moyen mouvement de la Lune, avec les points de lunaison et les épactes.

Jusqu'à ce que l'astronomie eût dévoilé la cause des éclipses, ces phénomènes ont été, comme les comètes et les aurores boréales, pour les uns un sujet d'alarme, et pour les autres l'objet d'une infinité de conjectures.

Un des faits les plus remarquables que nous ait conservés l'histoire sous ce rapport, est le parti qu'a su tirer Christophe Colomb de la connaissance de ces phénomènes singuliers, dans une extrémité où les Castillans se voyaient menacés de mourir de faim. Ce fait est trop connu pour qu'il soit besoin de le rapporter ici. « Dans toutes les Indes orientales, dit Fontenelle dans ses *Entre-*

*tiens sur la pluralité des mondes* (1), on croit
que, quand le Soleil et la Lune s'éclipsent,
un certain dragon, qui a les griffes très
noires, les étend sur ces deux astres, dont
il veut se saisir, et vous voyez pendant
ce temps-là les rivières couvertes de têtes
d'Indiens qui se sont mis dans l'eau jusqu'au
cou, parce que c'est une situation fort dévote
selon eux et très propre à obtenir du Soleil
et de la Lune qu'ils se défendent bien contre
le dragon. En Amérique, on était persuadé
que le Soleil et la Lune étaient fâchés quand
ils s'éclipsaient, et Dieu sait ce que l'on ne
faisait pas pour se raccommoder avec eux.
Mais les Grecs, qui étaient si raffinés, n'ont-
ils pas cru longtemps que la Lune était ensor-
celée, et que les magiciens la faisaient descendre du ciel pour jeter sur les herbes une
certaine écume malfaisante. Et nous, n'eûmes-
nous pas une belle peur, en 1654, à une certaine éclipse de Soleil qui, à la vérité fut totale ? Une infinité de gens ne se tinrent-ils
pas enfermés dans les caves ? »

Les historiens nous ont laissé de curieuses
relations, sans doute empreintes quelquefois
d'exagération, sur l'obscurité répandue pendant les éclipses totales de Soleil.

Pendant celle de 1560, on ne voyait pas
assez, disent-ils, pour poser le pied : les ténèbres étaient plus profondes que celles de
la nuit.

L'éclipse d'Agathocle, celle qui parut 310

_______

(1) Tome XIII de la *Bibliothèque nationale*, 5, rue
Coq-Héron.

ans avant J.-C., aurait été d'une obscurité exceptionnelle, car on rapporte que les étoiles apparaissaient de toutes parts. Plutarque cite un exemple analogue.

Pendant l'éclipse de 1715, Halley aperçut à la simple vue, et en regardant au hasard, Vénus, Mercure, la Chèvre et Aldébaran. Dans une direction particulière, où l'atmosphère paraissait moins éclairée, il aperçut à l'œil nu vingt-deux étoiles. Dans cette même éclipse, qui eut lieu à neuf heures du matin, Louville raconte que l'on ne voyait pas assez pour lire, quoique l'on distinguât les lignes d'écriture.

Dans la plupart des autres grandes éclipses, les observateurs aperçurent de même plusieurs planètes et plusieurs constellations.

Rien de plus piquant que les effets produits par le passage subit du jour à la nuit, au moment des grandes éclipses.

Pendant l'éclipse de 1706, à Montpellier, disent des témoins oculaires, les chauves-souris voltigeaient comme à l'entrée de la nuit; les poules, les pigeons coururent précipitamment se renfermer; les petits oiseaux qui chantaient dans les cages se turent et mirent la tête sous l'aile; les bêtes qui étaient au labour s'arrêtèrent.

Voici quelques observations assez curieuses faites de même à Montpellier, mais pendant l'éclipse de 1842 :

« Des chauves-souris, dit M. de Lentheric, professeur, croyant la nuit venue, quittèrent leur retraite; un hibou sortit d'une tour de Saint-Pierre, traversa en volant la place du

Peyrou ; les hirondelles disparurent, les poules rentrèrent ; des bœufs qui passaient librement près de l'église Maguedelonne, se rangèrent en cercle, adossés les uns aux autres, comme pour résister à une attaque. »

« On vit, dit M. l'abbé Deytal, des chevaux qui marchaient sur l'aire du battage du blé, se coucher ; des moutons, dispersés sur la prairie, se réunir précipitamment comme dans un danger ; des poussins se groupèrent sous l'aile de la mère ; un pigeon, surpris par l'obscurité tandis qu'il volait, allant se heurter contre un mur, tomber tout étourdi et ne se relever qu'à la réapparition du Soleil. »

Le *Journal des Basses-Alpes* rapporte, dans le numéro du 9 juillet 1842, une anecdote qui peut trouver sa place ici :

« Un pauvre enfant de la commune de Sieyes gardait son troupeau. Ignorant complétement l'événement qui se préparait, il vit avec inquiétude le Soleil s'obscurcir par degrés ; aucune vapeur ne lui donnait l'explication de ce phénomène ; lorsque la lumière disparut tout à coup, le pauvre enfant, au comble de la frayeur, se mit à pleurer et à crier *au secours!*... Ses larmes coulaient encore lorsque le Soleil donna son premier rayon. Rassuré à son aspect, l'enfant croisa les mains en s'écriant : *O beou Souleou!* (O beau Soleil)! »

Un habitant de Perpignan, rapporte M. Arago, priva à dessein son chien de nourriture à partir de la soirée du 7 juillet 1842. Le lendemain matin, au moment où l'éclipse totale allait avoir lieu, il jeta un morceau de pain au pauvre animal qui commençait à le dévorer, lorsque les derniers rayons du Soleil disparurent. Aussitôt le chien laissa tomber le pain ; il ne le reprit qu'au bout de deux minutes, après la fin de l'obscurité totale, et le mangea alors avec une grande avidité.

Un autre chien se réfugia entre les jambes de son maître lorsque le Soleil s'éclipsa.

A La Tour, chef-lieu de canton, dans les Pyrénées-Orientales, un habitant avait trois linotes. Le 8 juillet 1842, de grand matin, en suspendant à la fenêtre de son salon la cage qui renfermait les trois petits oiseaux, il remarqua qu'ils paraissaient très bien portants ; cependant après l'éclipse un d'entre eux était mort.

Riccioli rapporte qu'au moment de l'éclipse totale de 1415, on vit en Bohême des oiseaux tomber morts de frayeur. La même chose est rapportée de l'éclipse de 1560 : « Les oiseaux, chose merveilleuse ! disent les témoins oculaires, saisis d'horreur, tombaient à terre. »

« Dans une campagne dont je ne retrouve pas le nom, dit M. Arago en parlant de l'éclipse de 1842, des poules, au moment de l'éclipse totale, abandonnèrent subitement le millet qu'on venait de leur donner, et se réfugièrent dans une étable.

» Une poule, entourée de poussins, s'empressa de les appeler et de les couvrir de ses ailes. »

On a remarqué aussi que des fourmis en marche s'arrêtaient au moment où le Soleil disparaissait entièrement, mais sans abandonner les fardeaux qu'elles traînaient ; elles continuèrent de nouveau leur chemin dès que la lumière eut repris une certaine force.

On rapporte aussi que des abeilles qui avaient quitté leur ruche en grand nombre, au lever du Soleil y rentrèrent avant le moment de l'éclipse totale, et qu'elles attendirent, pour en sortir de nouveau, que l'astre éclipsé eût repris tout son éclat.

Un phénomène très singulier raconté par plusieurs savants, c'est le changement de coloration des objets terrestres, lorsque l'obscurité provenant des éclipses de Soleil est arrivée à un certain degré. On remarque, disent Plantade et Clapès, en rendant compte de l'éclipse totale qu'ils observèrent à Montpellier, le 12 mai 1706, que, suivant le progrès ou la diminution de l'éclipse, les objets changent de couleur. Au huitième doigt, c'est-à-dire quand les deux tiers du diamètre du Soleil étaient sous la Lune, tant avant qu'après l'obscurité totale, ils étaient d'un jaune orangé. Quand l'éclipse fut parvenue à un peu plus de onze doigts, c'est-à-dire lorsqu'il n'y avait plus de visible que la vingt-cinquième partie du diamètre du Soleil, les objets parurent tirant sur l'eau vive. Halley donne le passage suivant sur l'éclipse totale de 1715. « Quand l'éclipse fut arrivée à dix doigts, c'est-à-dire au moment où la Lune couvrit les dix douzièmes du diamètre du Soleil, l'aspect et la couleur du ciel commencèrent à changer, le bleu d'azur devint d'une couleur livide, mélangée d'une couleur pourpre. » Ces changements de couleur, qui n'ont rien de mystérieux et qui se rattachent aux lois de l'optique, ont ensuite été observés par tous les astronomes.

Pendant les éclipses totales de Soleil, la Lune est entourée d'une couronne lumineuse, qui paraît couleur d'argent. Cette couleur se montra dans toute sa splendeur pendant l'éclipse de juillet 1842. Elle se composait d'une zone circulaire contiguë au bord de la lune, et d'une seconde moins vive contiguë à la première.

La lumière de cette seconde zone allait en s'affaiblissant de l'intérieur à l'extérieur. Celle de la première était à peu près uniforme.

On observe aussi, dans les mêmes circonstances, des protubérances rougeâtres sur divers points du contour de la Lune, ces lumières ont été appelées proéminences, protubérances, flammes, nuages, montagnes. D'après M. Cléry, qui observait à Gottemburg, les protubérances du bord occidental augmentaient en saillie à partir du commencement de l'éclipse ; on remarqua même qu'une protubérance d'abord invisible s'y forma pendant le progrès de l'éclipse ; les protubérances orientales diminuèrent d'étendue et finirent par disparaître. Il paraît, d'après M. Arago, que ces protubérances ne sont ni des montagnes, ni des apparences provenant de déviations que les rayons du Soleil auraient éprouvées, dans les anfractuosités présentées par les bords de la Lune, mais que tout s'explique dans l'hypothèse de nuages flottants dans l'atmosphère diaphane qui entoure la photosphère du Soleil.

# CHAPITRE IX

## DES MARÉES

1. — Marée vient du mot latin *mare*, qui veut dire mer. C'est le mouvement alternatif et journalier de l'Océan couvrant et abandonnant successivement le rivage. Dans l'espace de 24 heures 49 minutes, ses eaux se portent et se reportent deux fois de l'équateur vers les pôles et des pôles vers l'équateur.

Les eaux montent d'abord pendant environ six heures ; elles inondent alors les rivages et se précipitent dans l'intérieur des fleuves, jusqu'à de grandes distances de leurs embouchures.

Après être parvenues à leur plus grande hauteur, elles restent quelques instants en repos, un quart d'heure environ ; peu à peu elles descendent et se retirent des terres qu'elles avaient envahies ; ce second mouvement dure aussi à peu près six heures ; lorsqu'elles sont arrivées à leur plus basse dépression, elles restent quelques instants en repos, puis recommencent leur mouvement alternatif.

Le *flux*, que l'on appelle aussi *haute marée*, est le mouvement des eaux vers les pôles ; le *reflux*, que l'on appelle aussi *basse marée*, est le retour des eaux vers l'équateur.

II. — Le premier des Grecs qui fit attention à la cause des marées fut Pythéas de Marseille, qui vivait environ trois cent vingt ans avant notre ère. Il disait que la pleine Lune produit le flux et son décours le reflux. Il ne se trompait pas en les attribuant à la Lune, mais il était loin d'en connaître la véritable cause. Newton, le premier, démontra les relations des marées avec les autres phénomènes de la gravitation universelle. M. Babinet fait remarquer que Lucain, dans sa *Pharsale*, parlant des côtes maritimes de la France, signale *ces plages incertaines qui tantôt appartiennent à la terre et tantôt à la mer, que le vaste Océan envahit et abandonne tour à tour*. Il indique pour cause l'action des vents, du Soleil et de la Lune. «Cherchez, dit-il, ô vous qui faites souci de pénétrer le mécanisme du monde, cherchez d'où naissent ces alternatives si fréquentes. Pour moi, je me résigne à l'ignorance que les dieux ont voulu ici imposer aux hommes. » Newton et Laplace ont *cherché*, ajoute le spirituel savant, et, au grand honneur de l'esprit humain, *ils ont trouvé*. La Lune passant successivement au-dessus de chaque point de l'Océan, en vertu des lois de l'attraction, en attire les eaux qui sont d'une mobilité extrême. On ne peut plus méconnaître maintenant l'action que cet astre exerce en vertu des lois de l'attraction sur ce grand et majestueux phénomène de la nature.

Un poëte inconnu a délicieusement exprimé cette influence dans un hymne à Sylvio Pellico :

« Astre solitaire, aérien, paisible astre

d'argent, ô Lune! comme une blanche voile, tu navigues à travers le firmament, et comme une douce amie, dans ta course antique, tu suis au ciel la marche de la Terre. La Terre, si ton disque limpide se rapproche d'elle, la Terre te sent venir, palpite et gonfle ses mers; peut-être est-ce une noble émotion, telle que l'aspect d'un ami en éveille dans un cœur mortel. »

III. — On a reconnu :

1º Que les eaux de l'Océan s'élèvent successivement dans chaque endroit où la Lune passe ; 2º que la Méditerranée n'a point d'autre marée que celle qui lui est communiquée par l'Océan au détroit de Gibraltar, parce que la Lune ne passe jamais perpendiculairement sur elle; 3º que le flux et reflux retardent, comme la Lune, de trois-quarts d'heure chaque jour; 4º que les marées ne reviennent à la même heure qu'au bout d'environ trente jours, ce qui est précisément le temps qui s'écoule d'une nouvelle Lune à l'autre; 5º que les marées sont toujours plus hautes lorsque la Lune est à sa moindre distance de la Terre ; 6º qu'aux pleines et aux nouvelles Lunes, les marées sont plus grandes, parce qu'alors, le Soleil joignant son attraction à celle de la Lune, les eaux de la mer se trouvent plus fortement attirées; tandis qu'à l'époque des quadratures ou quartiers, les marées sont plus faibles, le Soleil détruisant environ un tiers de l'effet de l'attraction de la Lune.

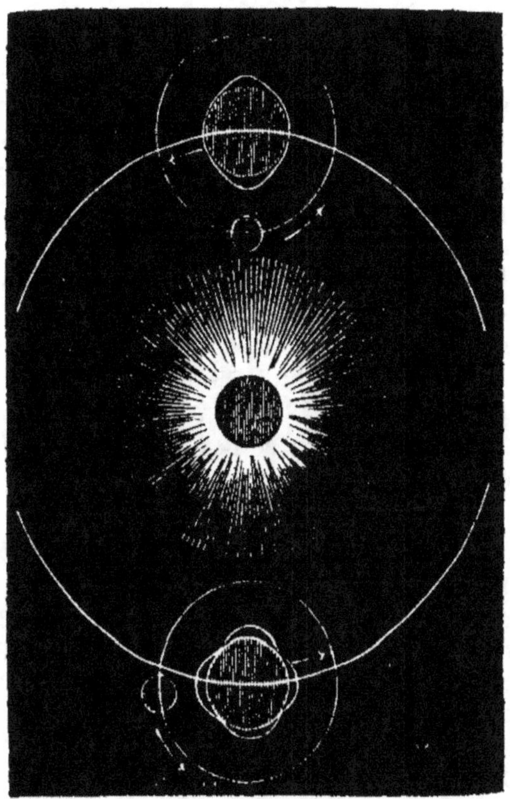

Phénomènes des marées

IV. — Lorsque la Lune passe d'aplomb sur une partie de l'Océan, les eaux de cette partie, attirées par l'attraction de cet astre, s'élèvent, et comme cette attraction agit en sens contraire de celle de la Terre, les eaux situées de chaque côté du globe, éprouvant une action oblique de la part de la Lune, augmentent de pesanteur et tendent plus fortement vers le centre de la Terre.

En même temps, les parties de la mer diamétralement opposées au point attiré par la Lune, étant moins attirées par cet astre que le centre de la Terre, parce qu'elles en sont plus éloignées, se portent moins vers cet astre que le centre de la Terre, ce qui permet à la mer de s'élever aussi du côté opposé à la Lune, et à l'Océan de présenter le phénomène des marées dans deux hémisphères opposés. La force attractive qu'exerce le Soleil sur la Terre, quoique trois fois moindre que celle de la Lune, suffit cependant pour produire un flux et un reflux. On peut donc distinguer deux sortes de marées : l'une solaire et l'autre lunaire. L'astre du jour élève les mers à midi et à minuit, heures de son passage au méridien, et les laisse, au contraire, s'abaisser à dix heures du matin et à dix heures du soir. Deux fois le mois, aux syzygies, ces deux sortes de marées s'accordent dans leurs directions et se réduisent à une seule, parce qu'alors le Soleil attire les eaux du même côté, dans le même sens que la Lune, et produit un effet commun avec elle ; tandis qu'aux quadratures, comme nous l'avons fait remarquer, le Soleil, par sa position perpendiculaire à celle de la Lune, contrarie l'action de cet astre : en sorte que les marées sont plus petites aux premiers et aux derniers quartiers, et plus grandes aux pleines et aux nouvelles Lunes.

V. —Le point le plus élevé de la marée ne se trouve pas précisément au-dessous de la Lune, mais toujours à quelque distance vers l'Orient, et cette distance n'excède jamais

15 degrés. Les eaux de l'Océan n'obéissent pas tout à coup à l'attraction qui les soulève; leur état d'inertie s'y oppose, et les empêche de suivre subitement la marche de l'astre qui agit sur elles. C'est pour cette raison qu'elles n'atteignent pas leur plus haut point d'élévation au moment même où l'attraction lunaire est parvenue à sa plus grande force, mais seulement quelque temps après. Non-seulement l'attraction solaire contrarie celle de la Lune, mais la résistance et le balancement des eaux, le frottement des côtes et les anfractuosités du rivage, sont autant d'obstacles qui retardent la haute marée. Au cap de Bonne-Espérance, par exemple, ce retard est de deux heures et demie; mais à Dunkerque et à Douvres, il est de douze heures, parce qu'il faut tout ce temps à l'Océan pour traverser la Manche et le Pas-de-Calais, et se répandre sur les côtes. Le flux et le reflux n'en sont cependant pas moins réguliers.

VI. — L'élévation plus ou moins grande des eaux dépend non-seulement de l'attraction, mais encore de la nature du fond et du bord de la mer. La marée sera, sans doute, plus grande dans un canal où les eaux resserrées trouveront, pour s'élever, une facilité qu'elles n'ont pas sur un rivage plus vaste et plus découvert. A Saint-Malo, sur la Manche, les marées sont quelquefois de 15 à 18 mètres; au nord du golfe de Gascogne et à Brest, sur les côtes, elles ne vont guère qu'à 7 ou 8 mètres; à l'île Sainte-Hélène, leur plus grande hauteur n'est que d'un mètre. A l'île de la Réunion, et dans les autres îles de la grande mer du Sud, à peine ont-elles 35 centimètres. A l'entrée de la Garonne, on remarque que le flux dure sept heures, et le reflux seulement cinq; cette différence est attribuée au cours du fleuve, dont le courant descend contre la direction du flux et favorise, au contraire, le reflux. Les vents apportent aussi leur influence sur ce phénomène. Si le souffle d'un grand vent a lieu dans la direction de la marée, les eaux s'élèveront plus haut que dans un temps calme; mais si l'action du vent agit dans un sens opposé, le contraire aura lieu. La marée varie en hauteur d'un jour à l'autre, sur le même rivage. Elle augmente pendant huit jours, puis diminue pendant le même laps de temps; de sorte que, deux fois le mois, il y a deux hautes marées à un intervalle de quinze jours, et deux basses marées également distantes entre elles; et deux fois l'an, à l'équinoxe du printemps et à celui d'automne, on remarque deux marées beaucoup plus élevées que toutes les autres. Newton a calculé que, s'il y a des mers dans la Lune, l'attraction de la Terre doit y occasionner une marée de trente mètres de hauteur, tandis que, dans la plupart des lieux, l'attraction de la Lune n'élève l'eau de notre Terre qu'à la hauteur de quatre mètres.

VII. — Les rivages et le bassin de la Seine offrent, dans les parages de Quillebœuf, un curieux et redoutable phénomène des marées; c'est ce qu'on appelle, aux pleines et aux nouvelles lunes des équinoxes, la *barre de flot*. Le lecteur me saura gré de laisser parler ici un illustre savant, M. Babinet, de l'Institut, mon vénérable maître, qui a, depuis plus de trente ans, étudié ces grandioses phénomènes que nous présente la nature.

« Ce mouvement tout à fait extraordinaire des eaux de la mer, immense dans son développement, capricieux par l'influence des localités, des vents, et surtout par l'état variable du fond du lit du fleuve, a fait l'objet des longues recherches que je viens aujourd'hui développer devant vous. Voyons d'abord ce que c'est que la barre de flot. Tandis qu'en général, et même à l'extrême embouchure de la Seine, au Havre, à Honfleur, à Berville, la mer, à l'instant du flux, monte par degrés insensibles et s'élève graduellement, on voit, au contraire, dans la portion du lit du fleuve, au-dessous et au-dessus de Quillebœuf, le premier flot se précipiter en immense cataracte, formant une vague roulante, haute comme les constructions du rivage, occupant le fleuve dans toute sa largeur, de dix à onze kilomètres, renversant tout sur son passage, et remplissant instantanément le vaste bassin de la Seine. Rien de plus majestueux que cette formidable vague, si rapidement mobile. Dès qu'elle s'est brisée contre les quais de Quillebœuf, qu'elle inonde de ses rejaillissements, elle s'engage, en remontant, dans le lit plus étroit du fleuve, qui court alors vers sa source avec la rapidité d'un cheval au galop. Les navires échoués, incapables de résister à l'assaut d'une vague si furieuse, sont ce qu'on appelle *en perdition*. Les prairies des bords, rongées et délayées par le courant, se mettent, suivant une autre expression locale, *en fonte*, et disparaissent. Successivement, le lit du fleuve se déplace de plusieurs kilomètres de l'une à l'autre des falaises qui le dominent ; enfin les bancs de sable et de vase du fond sont agités et mobilisés comme les vagues de la surface. Rien de plus étonnant que ces redoutables barres de flots observées sous les rayons du jour le plus pur, au milieu du calme le plus complet, et dans l'absence de tout indice de vent, de tempête, ou d'orage de foudre. Les bruits les plus assourdissants annoncent et accompagnent ces grandes crises de la nature, préparées par une cause éminemment silencieuse : l'*attraction universelle*. Homère, le grand peintre de la nature, semblerait avoir été témoin de pareils phénomènes, lorsqu'il en écrivait la fidèle description que voici : « Telle aux embouchures d'un fleuve » qui court guidé par Jupiter, la vague » immense mugit contre le courant, tandis » que les rives escarpées retentissent au » loin du fracas de la mer que le fleuve re- » pousse loin de son lit. »

VIII. — Un grand avantage que nous procure le flux, c'est de pousser l'eau de la mer dans les fleuves, et d'en rendre le lit assez profond, pour qu'ils soient capables d'amener jusqu'aux portes des grandes villes les marchandises dont le transport serait, sans cela, beaucoup plus difficile et quelquefois même impossible. Les vaisseaux attendent ces cours d'eau pour arriver dans les rades sans toucher le fond, ou pour s'engager sans péril dans le lit des rivières. Les marées empêchent aussi que la mer, qui est le réceptacle où vont se rendre tous les immondices du globe, ne vienne à croupir par un trop grand repos; ce qui arriverait infailliblement si le balancement perpétuel que les marées excitent ne purifiait les eaux, en dispersant partout le sel que la mer produit abondamment, et ne détruisait les matières dont la putréfaction pourrait être funeste aux habitants de la terre. Les agitations perpétuelles et alternatives de ce vaste amas d'eau qui enveloppe la terre sont bien propres à nous rappeler celles par lesquelles la vie est sans cesse troublée. L'homme est ballotté sur un fleuve inconstant et rapide, admirablement décrit dans cette allégorie italienne :

L'onda del mar divisa
Bagna la valle e il monte;
Va passagiera in fiume,
Va prigioniera in fonte,
Mormora sempre e geme,
Finche non torni al mar;
Al mar dove ella naque,
Dove aquisto gli umori,
Dove da lunghi errori
Spera di riposar (1).

(1) De la mer l'onde divisée baigne la ville et la campagne; elle va, passagère en fleuve, prisonnière en fontaine, toujours murmurant, toujours gémissant, jusqu'à ce qu'enfin elle retourne à la mer, à la mer d'où elle naquit, et qui alimente son cours, et où, après avoir longtemps erré, elle espère trouver le repos.

# CHAPITRE X

## LA PLANÈTE MARS.

La planète Mars est notre voisine dans les espaces célestes, et elle présente des analogies si intimes avec notre globe, sous le rapport des phénomènes atmosphériques aussi bien que sous celui des glaces polaires, qu'on lira sans doute avec intérêt les dernières observations auxquelles elle a donné lieu. A la vue simple, on distingue Mars sous l'aspect d'une étoile peu brillante. L'éclat rougeâtre que présente cette planète fait croire qu'elle est environnée d'une atmosphère très dense et plus considérable que celle de la Terre; ce qui confirme dans cette pensée, c'est que les étoiles devant lesquelles elle vient à passer disparaissent entièrement avant que le globe même de Mars les éclipse. Sa lumière, fait observer M. Arago, est parfois scintillante. Cependant, quelques savants ont attribué sa couleur rougeâtre à la constitution de son sol.

« Dans cette planète, dit sir John Herschell, nous distinguons avec une pafaite netteté les contours de ce que nous pouvons regarder comme des continents et des mers. Les continents se distinguent par cette couleur rougeâtre qui caractérise la lumière de cette planète,

qui paraît toujours enflammée, et qui annonce, à n'en pas douter, que le sol est teint

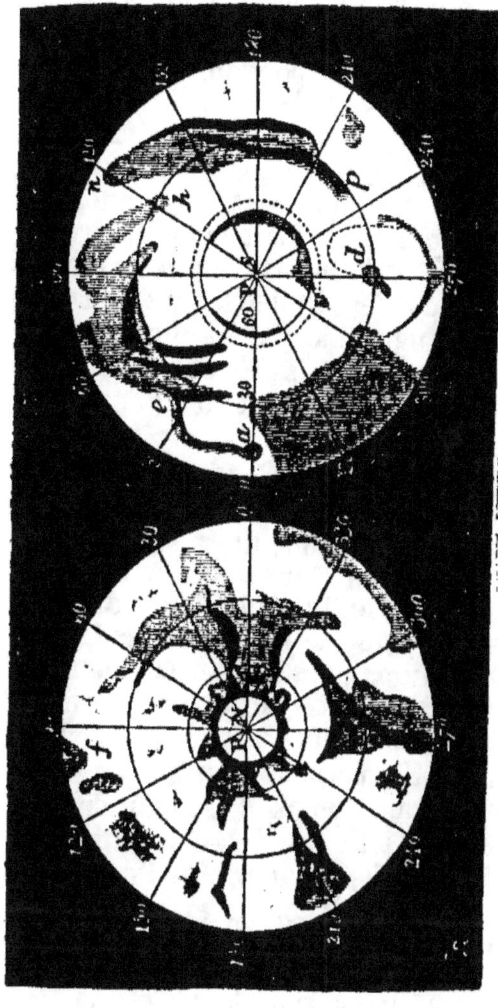

Hémisphère nord et hémisphère sud de la planète Mars.

d'une couleur générale d'ocre, comme les car-
rières de sablon rouge qui se trouvent dans

quelques lieux de la Terre peuvent en offrir l'image aux habitants de Mars ; seulement, le teint en est plus prononcé, par un contraste qu'expliquent les lois générales de l'optique. Les mers, comme nous pouvons les appeler, paraissent verdâtres. »

C'est cette couleur rougeâtre qui fait que, chez les Hébreux, on désignait cette planète d'un nom qui signifiait *embrasé ;* chez les Grecs, Mars, qui s'appelait aussi Hercule, avait une épithète habituelle qui signifie *incandescent.* Chez les Indiens, cette planète était appelée Angaraka, c'est-à-dire *charbon ardent ;* on l'appelait aussi *le corps rouge.*

Aucune planète ne peut d'ailleurs être comparée avec Mars dans ses variations excessives d'éclat, dues à ce que les distances de la Terre et du Soleil changent considérablement avec sa position dans le ciel. Son ellipse est fort excentrique : vers la conjonction, elle est à 85 millions de lieues de nous, tandis que vers l'opposition elle en est seulement à 18 millions ; ces distances bien inégales à la Terre font que les variations du disque apparent sont très grandes ; aussi, au mois d'août 1719, Mars, se trouvant en opposition et en même temps à sa moindre distance du Soleil, jeta un éclat si extraordinaire, qu'il fut pris, en certains lieux, pour un astre jusqu'alors inconnu et inspira quelque terreur aux gens peu versés dans la connaissance du ciel. Son ellipse s'écarte très peu du plan de l'écliptique et ne forme avec lui qu'un angle de 1° 51'.

Le Soleil se trouve dans l'hémisphère boréal pendant la demi-durée de la révolution de la planète, et ensuite dans l'hémisphère opposé ; par conséquent, des équinoxes semblables à ceux que nous observons sur la Terre séparent ces deux périodes, et pour la même raison il y a sur Mars des saisons diverses analogues à celles que l'on observe sur notre globe : ce qui explique un phénomène singulier qui se manifeste vers les pôles nord et sud de Mars, c'est-à-dire la croissance et la diminution de deux taches blanchâtres, dont l'éclat est plus que double de celui des autres parties de la planète. La tache nord diminue d'amplitude pendant le printemps et l'été de l'hémisphère de même nom ; elle augmente pendant les deux saisons suivantes ; le contraire arrive au pôle sud, il se forme donc successivement autour des pôles de Mars des calottes étendues de neige et de glace qui augmentent et diminuent avec la chaleur. Sur la terre, c'est l'hémisphère nord qui contient les continents les plus vastes ; c'est le contraire qui paraît exister dans Mars. Ce n'est guère qu'aux abords du soixantième degré de latitude sud que commencent les grandes terres de cette planète ; elles s'étendent du nord jusqu'à l'équateur.

Les meilleures occasions d'étudier l'aspect de Mars sont fournies par ses oppositions avec le Soleil : il passe alors au méridien à minuit, et se trouve plus près de nous qu'à toute autre époque. Lors de l'opposition d'avril 1856, le R. P. Secchi voyait très distinctement les deux taches neigeuses des régions polaires, et il constatait que leurs centres ne coïncidaient pas avec les pôles de rotation de la planète. Ces deux glacières diminuaient à vue d'œil lorsqu'elles se trouvaient exposées aux rayons solaires, et elles augmentaient au contraire d'étendue et d'éclat lorsqu'elles échappaient à la radiation directe du Soleil. Les taches sombres de formes diverses que les lunettes font découvrir sur le disque de Mars, sont plutôt fixes et paraissent faire partie de sa surface, mais elles varient d'aspect comme le feraient nos forêts vues en deux saisons différentes ou sous des latitudes très diverses. Pendant l'été de 1858, le R. P. Secchi a profité de l'opposition qui eut lieu au mois de mai pour faire une série de dessins détaillés de Mars, à l'aide du grand équatorial du Collége romain : les couleurs des taches y paraissent très variées ; il y en a qui sont rouges, d'autres qui sont bleues, verdâtres ou blanches.

La dernière opposition de 1862 a été surtout utilisée par les astronomes anglais. MM. Grow et Joyson ont envoyé des croquis de la planète à la Société astronomique de Londres, et M. Phillips, d'Oxford, a présenté à la *Société royale*, dans sa séance du 12 février, une série de dessins formés par la combinaison de ses propres observations avec quelques-unes de celles des autres astronomes, et destinés à mettre en évidence les phénomènes que Mars a présentés pendant toute la durée de sa proximité par rapport à la Terre. Sa position a été telle, que l'on a pu voir distinctement le cercle entier de neige qui entoure le pôle sud de l'astre, et le contour en était si nettement défini, que l'on voyait qu'il se terminait par un escarpement.

Les neiges de l'hémisphère nord ne s'aperçoivent que comme une faible lueur ; tout semble indiquer que les centres des calottes blanches ne sont pas situés sur un même diamètre. La région équatoriale est occupée par une large ceinture verdâtre, avec des baies profondes et des parties rentrantes qui font présumer que cette ceinture est un amas d'eau. On voit surgir sur un de ses points une île offrant la même teinte rougeâtre que les deux grands continents au-dessus et au-dessous de la bande équatoriale.

Le diamètre apparent de Mars varie de 18" à 4", son diamètre réel est de 1,500 lieues, sa surface n'est que le tiers de celle de la terre, et son volume la cinquième partie, sa masse est dix fois moindre que celle de notre globe, et sa pesanteur n'en est à peu près que la moitié. Il ne reçoit que les 4/9 de la chaleur et de la lumière que notre Terre reçoit du Soleil, et cet astre doit y paraître un tiers moins grand. La moyenne distance au Soleil est de 23,545,800 myriamètres ; sa révolution s'exécute en 686 jours 23 heures 30 minutes 41 secondes ; elle est par conséquent près du double de celle de la Terre ; sa rotation se fait en 24 heures 30 minutes 21 secondes.

Mars est la seule planète supérieure qui nous offre des phases ; la portion obscurcie de son disque n'excède jamais le huitième de la surface totale de l'astre. Il paraît, vers ses quadratures, sous la forme d'un ovale plus ou moins allongé, mais jamais sous celle d'un croissant.

Galilée écrivait au Père Caselli, le 30 décembre 1610 : « Je n'ose pas assurer que je puisse observer les phases de Mars; cependant, si je ne me trompe, je crois déjà voir qu'il n'est pas parfaitement rond. »

Le 24 août 1638, dit Ricasoli, Fontana à Naples, vit Mars nettement gibbeux. Cette observation, pour l'époque, peut être considérée comme une découverte; aujourd'hui l'astronome le moins exercé aperçoit les phases sans difficulté vers les quadratures de la planète, lorsqu'il peut se servir d'une bonne lunette.

## CHAPITRE XI

JUPITER, SATURNE, URANUS ET NEPTUNE.

*Jupiter*. — Jupiter est à 173 millions de lieues du Soleil. Il parcourt en 11 ans 314 jours 12 heures 23 minutes 9 secondes, une orbite de plus d'un milliard de lieues autour de cet astre, et fait par conséquent environ 10,000 lieues par heures et 178 par minute.

Le mouvement de cette planète sur elle-même est beaucoup plus rapide que celui de la Terre : il s'accomplit en 9 heures 56 minutes. On s'est assuré que Jupiter tournait sur lui-même par le déplacement des taches que le télescope découvre sur son disque. Elles se montrent toutes, à que'ques exceptions près, sous la forme de bandes longitudinales, les unes obscures et les autres lumineuses. Leur nombre varie beaucoup, et tantôt elles paraissent toutes adhérentes, comme de longues zones qui enveloppent la planète, tantôt elles sont interrompues et séparées. Parfois on n'en aperçoit qu'une ou deux, et quelque temps après sept ou huit.

On distingue aussi, à divers intervalles, quelques points très brillants qui font remarquer avec plus d'exactitude le mouvement journalier de cette planète sur son axe. Les uns considèrent ces différentes taches comme des mers parsemées d'îles et étendues autour de son globe, dans la direction de son mouvement de rotation. D'autres regardent les parties obscures comme constituant le corps de la planète, tandis que les parties lumineuses seraient des nuages poussés par les vents dans des directions et avec des vitesses différentes.

On n'a point reconnu de phases dans Jupiter, parce que sa distance à la Terre est trop considérable : elle est de 144 millions de lieues. Son diamètre est de 30,333 lieues, ce qui nous montre qu'il est environ 1,400 fois plus gros que notre globe.

Jupiter étant cinq fois plus éloigné du Soleil que la Terre, doit apercevoir l'astre du jour cinq fois plus petit que nous ne l'apercevons, et conséquemment en recevoir vingt-cinq fois moins de lumière et de chaleur. Mais une chose qui peut y suppléer jusqu'à un certain point c'est que ses nuits ne sont que de cinq heures, et il a quatre satellites ou lunes comme la nôtre dont une au moins brille sans cesse pendant ces courtes nuits.

La première et la quatrième de ces lunes sont aussi volumineuses que Mercure. La seconde et la troisième sont à peu près de la dimension de la nôtre. La quatrième paraît spécialement destinée à éclairer les pôles de cette planète, à cause de l'inclinaison de son orbite sur l'équateur.

Ces satellites tournent tous d'Occident en Orient autour de Jupiter, et ont encore avec notre Lune un trait de ressemblance, c'est qu'ils présentent continuellement la même face, parce qu'ils ne font qu'un seul tour sur leur axe, tout en accomplissant leur révolution entière autour de la planète. Ce fait a été conclu du retour périodique des taches que l'on observe à leur surface. On appelle *premier* satellite celui qui est le plus près de Jupiter ; *second,* celui qui vient ensuite et ainsi des autres.

Les trois plus rapprochés s'éclipsent à chaque révolution, mais le quatrième, à cause de l'inclinaison de son orbite, est deux années sur six sans tomber dans l'ombre de Jupiter.

Ces éclipses peuvent se calculer d'avance comme celles de la Lune.

C'est par le moyen de ces éclipses que Rœmer, astronome Danois, est parvenu à déterminer la vitesse de la lumière, en observant qu'elles arrivaient toujours environ 16' 26 plus tard quand Jupiter était en conjonction avec le Soleil, de l'autre côté de l'écliptique, que lorsqu'il était de notre côté en opposition. Il conclut de là que la lumière employait ce temps à franchir tout le diamètre de l'orbitre terrestre, c'est à-dire environ 70 millions de lieues.

*Saturne.* — Saturne est située à 293 millions de lieues de la Terre ; il ne nous envoie, à cause de ce prodigieux éloignement, qu'une lumière pâle et de couleur plombée.

Quoique neuf cent fois plus grosse que notre globe, cette planète ne nous paraît pas plus grande qu'une étoile de la deuxième grandeur. Elle est environ à 330 millions de lieues du Soleil, et emploie 29 ans 5 mois 20 jours 18 minutes à parcourir autour de cet astre une orbite de près de deux milliards de lieues, ce qui fait 134 lieues par minute.

Vu de Saturne, le Soleil doit paraître 90 fois moindre que de notre globle et, par conséquent, y produire une chaleur et une lumière bien faibles. Mais, outre sept lunes qui se meuvent autour de cette planète et lui prêtent leur éclat, elle est environnée de deux anneaux plats, larges et minces, qui ont l'un et l'autre le même centre que la planète, sont couchés dans le même plan, séparés l'un de l'autre, sur tout leur contour, par un très petit intervalle, et de la planète par un espace beaucoup plus considérable.

Il serait assez difficile de déterminer la nature de ce double anneau ; elle paraît cependant être analogue à celle de la planète, car il projette une ombre intense sur elle, et toutes les fois que le Soleil et la Terre se trouvent du côté de ce plan, cet anneau est lumineux ; tandis que, s'il prend, par rapport au Soleil et à la Terre, une position intermédiaire, la partie qui nous regarde, ne recevant plus les rayons de l'astre du jour, nous devient entièrement invisible, preuve qu'il est opaque, et que son éclat ou son obscurité par rapport à nous dépendent des diverses positions que Saturne occupe dans son orbite.

On remarque aussi que, quelque temps après nous avoir apparu éclatant, l'anneau se rétrécit peu à peu, par suite du déplacement de sa planète dans l'espace, et ne se présente bientôt plus que sous la forme d'une ligne lumineuse qui finit même par disparaître. Au bout d'un certain laps de temps, l'anneau reparaît, s'élargit progressivement, et, se montrant dans sa plus grande largeur, nous laisse apercevoir dans l'intervalle qui le sépare de sa planète, une partie du ciel parsemée d'étoiles. Cet intervalle est, selon Herschell, de 14,144 lieues ; l'anneau lui-même paraît avoir 9,000 lieues de large : il est divisé en deux anneaux bien distincts, séparés l'un de l'autre par un espace continuellement obscur, de la largeur de 648 lieues.

Le premier anneau, celui qui est le plus rapproché de Saturne, a 6,000 lieues de large ; il est environné par le second qui n'en a que 2,352. Les bords n'en sont point plats, mais sphériques ou arrondis, et leur épaisseur, qui est d'environ 36 lieues, paraît hérissée de plusieurs hautes montagnes.

Comme ce double anneau est incliné de 31° 35′ au plan de l'écliptique, nous ne le voyons jamais qu'obliquement, sous la forme d'une ellipse, dont la largeur, lorsqu'elle est la plus grande, est à peu près la moitié de sa longueur.

Des sept lunes de Saturne, six se meuvent à fort peu près dans le plan de l'anneau, qui est lui-même dans le plan de l'équateur de Saturne. La septième seule a son orbite presque dans le plan de l'écliptique.

*Uranus ou Herschell.* — Uranus ou Herschell est une des plus grandes planètes, la plus éloignée après Neptune. Elle est demeurée confondue parmi les étoiles fixes jusqu'au 13 mars de l'année 17×1. Le docteur Herschell la découvrit alors à Bath, en Angleterre.

La distance de cette planète au Soleil est de 600 millions de lieues. Elle emploie 24 ans 89 jours pour parcourir une orbite de quatre milliards de lieues, ou à peu près 95 lieues par minute.

La lumière du Soleil qui met 8′ 13″ pour nous arriver, doit employer près de deux heures trois quarts pour parvenir jusqu'à Uranus. L'intensité de cette lumière et de la chaleur doit s'y faire sentir près de 400 fois moins que sur notre terre, et le disque du Soleil ne doity avoir que l'apparence d'une étoile de prmière grandeur.

Vu au télescope, Uranus a un éclat assez uniforme de couleur blanc azuré, son disque est bien terminé sur les bords. Son diamètre est de 12,700 lieues ; elle est par conséquent 80 fois plus grosse que la Terre.

Herschell est parvenu à découvrir six lunes qui se meuvent autour de cette planète, dans des orbes presque circulaires et perpendiculaires au plan de l'écliptique.

*Neptune.* — Neptune est la plus éloignée des planètes connues du système solaire. Elle est à une distance moyenne du Soleil d'un milliard 140 millions de lieues. Elle ne met guère moins de 165 ans à accomplir sa révolution totale autour du Soleil. L'immense éloignement et la date récente de la découverte de cette planète, expliquent le peu de données que l'on possède sur elle. Elle n'a encore parcouru sous nos yeux que la neuvième partie de son orbite, car il n'y a pas même vingt ans qu'elle a été vue pour la première fois. M. Le Verrier en avait annoncé l'existence en 1846, en se fondant sur des considérations théoriques puisées dans les perturbations d'Uranus ; elle a été observée ensuite à Berlin par M. Galle, sur les indications fournies par les calculs de M. Le Verrier,

La cause des perturbations d'Uranus était cependant soupçonnée depuis quelque temps par plusieurs astronomes, Bouvard, Hansen, etc., etc. ; mais la solution complète fut l'œuvre de M. Le Verrier. « M. Le Verrier, dit Arago, a aperçu le nouvel astre sans avoir besoin de jeter un seul regard vers le ciel ; il l'a vu au bout de sa plume, il a déterminé par la seule puissance du calcul, la place et la grandeur approximative d'un corps situé

bien au delà des limites jusqu'alors connues de notre système planétaire, d'un corps
dont la distance au soleil dépasse 1,100 millions de lieues, et qui, dans nos puissantes
lunettes, offre à peine un disque sensible.
Ainsi, la découverte de M. Le Verrier est une
des plus puissantes manifestations de l'exactitude des systèmes astronomiques modernes.
Elle encouragera les géomètres d'élite à chercher avec une nouvelle ardeur les vérités
éternelles qui restent cachées, suivant une
expression de Pline, dans la majesté des
théories. »

## CHAPITRE XII

### LES ÉTOILES EN GÉNÉRAL

I. — On donne généralement le nom d'é-
toiles à tous les corps célestes ; cependant on
désigne spécialement sous le nom d'étoiles
errantes les planètes, et d'étoiles fixes ces
astres nombreux et étincelants qui nous paraissent répandus de toutes parts dans l'im-
mensité du firmament, parce qu'ils ne tournent point dans des orbites autour d'un centre, et qu'ils conservent toujours la même
situation les uns à l'égard des autres ; cependant on a reconnu que plusieurs étoiles

étaient animées d'un mouvement propre; il est probable qu'il en est de même de toutes les autres. Leur lumière est plus brillante que celle des planètes et scintille continuellement, c'est-à-dire qu'elles présentent toujours un tremblement lumineux.

II.— Dans une belle nuit, on s'imagine voir des millions d'étoiles; cependant, dans le ciel le plus pur et sous l'équateur, où l'on aperçoit la moitié du firmament, la meilleure vue sans télescope, ne peut en compter que deux mille environ. Si l'on se sert d'un télescope qui grossisse mille fois et même plus pour examiner Sirius, qui est la plus belle étoile du ciel, on sera surpris de voir que le volume de cet astre, loin de paraître plus considérable, devient encore plus petit; car les étoiles, considérées sans le secours d'aucun instrument d'optique, paraissent toujours plus grandes qu'elles ne le sont en effet, à cause de la diffusion de la lumière qui s'étend autour de leur masse. Le télescope, en réunissant les rayons, détruit cette irradiation, de telle sorte que l'étoile la plus brillante n'est plus, dans une bonne lunette, que comme un point d'une étendue infiniment petite, et qui échappe à toutes nos mesures. Le télescope du pouvoir le plus amplifiant est donc sans effet sur les étoiles, tandis qu'il grossit considérablement tous les autres corps auxquels nous pouvons l'appliquer, tels que le Soleil, la Lune et les planètes. S'il nous était possible de nous élancer au-dessus de la Lune, de nous rapprocher des planètes et d'atteindre une des étoiles qui brillent au-dessus de nos têtes, nous découvririons de nouveaux cieux, de nouveaux soleils, de nouvelles étoiles, de nouveaux mondes peut-être plus magnifiques que celui que nous admirons. Là, sans doute, ne se bornerait pas le domaine du créateur ; ce ne seraient que les frontières de l'espace des mondes. Nous apercevrions d'autres abîmes d'espaces infinis comblés par d'autres mondes incalculables. Ce voyage durât-il pendant des myriades de siècles, nous n'atteindrions jamais la limite entre le néant et Dieu. Sous l'influence de ces pensées, on ne compte plus, on ne chante plus, selon l'expression de M. de Lamartine, on est frappé de vertige et de silence, et l'on se tait.

III. — Les étoiles nous paraissent de différentes grandeurs, et, sous ce rapport, on les distribue communément en sept classes. On nomme *étoiles de la première grandeur* celles qui se montrent à nous sous un plus grand diamètre et avec un plus grand éclat ; les autres étoiles visibles à la simple vue se nomment étoiles de la première, de la deuxième, de la troisième, de la quatrième, de la cinquième, de la sixième grandeur, selon qu'elles paraissent plus petites ou moins éclatantes. On nomme *étoiles de la septième grandeur* celles que l'on ne découvre qu'à l'aide du télescope ; et comme parmi celles-ci il en est encore de plus brillantes les unes que les autres, on les partage en étoiles de la septième, de la huitième et même de la quatorzième grandeur. La grandeur réelle de ces astres nous est absolument inconnue ; leur classification ne repose donc que sur leur grandeur apparente, et cette classification même n'est pas très juste. Elle a été faite par les astronomes de l'antiquité d'une manière arbitraire et sans aucune prétention à l'exactitude. Ce vague s'est continué dans les catalogues modernes. Les cartes les plus accréditées offrent aujourd'hui dix-sept étoiles de la première grandeur. Pourquoi dix-sept et non pas dix-huit ou dix-neuf, ou quinze ou seize? Personne ne saurait le dire ; les étoiles de première grandeur sont loin d'avoir toutes la même intensité. La dernière de la première grandeur, et la première de la seconde, ne diffèrent pas tellement d'éclat que l'une n'eût pu descendre à la classe immédiatement inférieure, et l'autre monter à la classe supérieure. Ces remarques s'appliquent, à plus forte raison, aux nombreuses étoiles des ordres inférieurs. Sous le rapport de la grandeur réelle, il est très possible que celles qui nous paraissent les plus petites soient les plus grandes ; il suffit pour cela qu'elles soient dans un éloignement plus considérable.

IV. — On a compté dans l'hémisphère boréal 4,300 étoiles visibles à l'œil nu. Ce dénombrement se fait en taillant dans un écran convenable une fente très étroite située dans le méridien, et laissant voir les étoiles entre le pôle et l'équateur. On observe pendant vingt-quatre heures les étoiles qui s'y présentent, et l'on tient note de chacune. On calcule ensuite l'ensemble de ces astres, au moyen de la règle que voici. On a reconnu par expérience que le nombre des étoiles de

seconde grandeur est triple des étoiles primaires, que les étoiles de troisième grandeur
sont en nombre triple de celles de la seconde
et ainsi de suite. Sur cette base on trouve un
total de 43 millions; mais cette loi fait évidemment défaut en moins, quand on passe
à la septième grandeur et plus encore dans les
ordres télescopiques. Une partie de la constellation d'Orion, sur une bande de 15 degrés de long, et de 2 degrés de large, a laissé
compter à Herschel 50,000 étoiles; ce qui,
proportion gardée, en donnerait 59 millions
pour la totalité du ciel. Mais il y a, sur la surface de celui-ci, beaucoup de régions où ces
astres sont beaucoup plus serrés, indépendamment des prodigieux amas que nous offrent les nébuleuses. Comme nous n'attei-
gnons que les premières zones du ciel, et que
les couches stellaires peuvent être et sont
sans doute superposées à l'infini dans les
profondeurs de l'espace, on peut dire que le
nombre réel des étoiles est incalculable.

V. — En examinant la voûte céleste pendant la nuit, on y découvre une lueur pâle
et irrégulière, formant une bande ou zone
qui fait le tour du ciel, et que le vulgaire
appelle généralement le *chemin de Saint-
Jacques*, et les astronomes la *voie lactée*.
Cette trace lumineuse, qui ressemble à un
léger nuage, est formée d'innombrables
étoiles que l'on ne distingue pas à la vue
simple, mais que les grands télescopes peuvent découvrir.

C'est parce que ces étoiles sont trop éloignées de nous qu'elles ne peuvent être aper-

çues séparément à l'œil nu. On découvre même entre celles qui sont visibles par un bon instrument, des espaces qui, selon toute apparence, sont remplis d'une immense quantité d'autres astres, que le télescope ne peut rendre visibles.

L'esprit se confond lorsque l'on pense que les étoiles que nous apercevons dans la voie lactée, quoique infiniment plus grandes que la Terre, ne sont pour nous que des points lumineux ; et, de quelque instrument que nous fassions usage, elles nous paraissent toujours aussi petites qu'auparavant, ce qui démontre le prodigieux éloignement où elles sont de nous.

VI. — La distance des étoiles à la Terre est si considérable, qu'en supposant que nous puissions nous transporter jusqu'à Sirius, qui est l'étoile la plus proche de notre globe, nous verrions de là, sous un angle à peu près nul, l'espace entier de 68 millions de lieues compris entre les deux extrémités de l'orbite Terrestre, de telle sorte que le Soleil, la Terre et la Lune ne formeraient plus qu'un seul point, et que l'épaisseur d'un cheveu suffirait pour éclipser à nos yeux ces trois corps volumineux et l'espace immense qui les sépare. Si un habitant de notre globe pouvait s'élever à une hauteur de 68 millions de lieues, ces corps de feu ne lui paraî raient encore que des points rayonnants. Nous avons la preuve de cela toutes les années : vers le 10 décembre, le mouvement de translation de la Terre autour du Soleil nous met au delà de 68 millions de lieues plus près des étoiles qui ornent la partie septentrionale du ciel, que nous ne le sommes le 10 juin ; cependant, aucune augmentation de grandeur ne se fait apercevoir dans ces astres.

VII. — Une des choses les plus remarquables, ce sont les variations périodiques de certaines étoiles ; par exemple, une de celles qui se trouvent dans le cou de la Baleine paraît être de seconde grandeur dans son plus grand éclat : elle conserve cette dimension et cette clarté pendant quinze jours, puis elle diminue par degrés et disparaît entièrement pour ne reparaître que trois cent trente jours après. Une autre, dans la poitrine du Cygne, a une période de quinze ans ; elle paraît pendant cinq années en variant d'éclat et de grosseur, ensuite elle devient invisible pendant dix ans, pour reparaître ensuite. On en voit une près du bec du Cygne qui a une période de treize mois. Enfin, en 1770 et 1771, on en vit une autre dans la même constellation, qui disparut en 1772 et qui n'a pas reparu depuis. Celle que Maraldi a découverte en 1704, dans la constellation de l'Hydre, paraît pendant quatre mois, disparaît au bout de ce temps, et ne reparaît que vingt mois après ; par conséquent, sa période serait de deux ans. Plusieurs astronomes croient que ces étoiles ne sont pas brillantes dans toutes les parties de leur globe, et que, tournant sur leur axe, elles nous présentent tantôt leur hémisphère lumineux, tantôt leur côté obscur. D'autres prétendent que des corps opaques circulent autour de ces étoiles et viennent, à certaines époques, s'interposer entre elles et nous.

Quoi qu'il en soit, ces phénomènes indiquent une grande activité dans les régions d'où nous serions portés à croire que la vie et le mouvement sont bannis. Il résulte du témoignage des auteurs de tous les siècles que certaines étoiles étaient jadis plus brillantes que certaines autres qui, aujourd'hui, les dépassent notablement en éclat. Du temps d'Erathostène, Antarès était moins brillante que l'une des deux étoiles de la Balance ; depuis moins d'un siècle même, les altérations de cette nature démentent sur plusieurs constellations l'ordre des lettres grecques, tel qu'il est établi dans des catalogues assez modernes.

VIII. — L'analyse spectrale fait son entrée triomphante dans toutes les sciences. On peut voir dans le premier volume de la *Science populaire* (1) son importance dans le domaine de la chimie ; elle est appelée à nous découvrir des merveilles non moins imprévues dans les régions du ciel. Tout le monde sait que l'on remarque dans la lumière solaire décomposée par le prisme sept nuances que l'on distingue parmi toutes les autres, et qui, pour cette raison, ont reçu le nom de couleurs principales ; ce sont, dans leur ordre naturel : le *rouge*, l'*orange*, le *jaune*, le *vert*, le *bleu*, l'*indigo*, le *violet*. Pour expliquer ces phénomènes, on regarde la lumière

(1) La *Science populaire*, ou revue du progrès des connaissances et de leurs applications aux arts et à l'industrie, par M. J. Rambosson; chez Eugène Lacroix, libraire-éditeur, 15, quai Malaquais. à Paris.

blanche comme composée d'une infinité de rayons de différentes couleurs plus ou moins réfrangibles, qui se séparent en traversant le prisme. L'arc-en-ciel est produit d'une manière analogue; ce sont des gouttelettes d'eau qui remplacent le prisme. Or, ce n'est pas seulement la lumière du Soleil qui est susceptible d'être décomposée et de produire un spectre, mais une lumière quelconque; seulement, il y a ceci de particulier et de bien remarquable, c'est que ces lumières décomposées donnent des spectres différents; par conséquent, au lieu d'avoir les sept couleurs principales dont nous venons de parler, il s'en trouve de différentes. Ainsi, chaque substance en ignition donne un spectre qui lui est propre, et sans voir, par exemple, le corps qui brûle, on peut dire par la simple inspection du spectacle qu'il produit, et sans crainte de se tromper : c'est tel corps! L'or donne un spectre qui n'est pas le même que celui de l'argent, et celui que donne l'argent n'est pas le même que celui que donne un autre métal quelconque, etc. Il est des métaux qui se ressemblent tellement par leurs propriétés principales, qu'il serait presque impossible de ne pas les confondre, de ne pas les prendre pour un seul et même métal par les moyens d'investigations ordinaires. Qu'ont fait les savants métallurgiques? Une chose bien simple : ils ont eu recours à l'examen des spectres que donnent les métaux en brûlant; en comparant ces spectres, en les analysant, ils ont aperçu la différence et n'ont plus eu de doute sur la nature particulière de ces substances ; par ce procédé, ils ont déjà enrichi la science et l'industrie de trois nouveaux métaux : le *rubidium*, le *cæsium* et le *thallium*.

L'astronomie, entre autres, a interrogé l'analyse spectrale pour étendre ses connaissances jusqu'au delà de milliards de millions de lieues, et l'analyse spectrale a répondu, dans son langage naturel, en nous faisant connaître la nature des astres innombrables qui habitent l'espace. Il résulte d'un travail de MM. Huggins et Miller sur le spectre des étoiles, que ces astres ne diffèrent entre eux et ne diffèrent du Soleil que par des modifications spéciales et d'un ordre inférieur, qu'il n'y a pas de différences importantes et essentielles dans leur constitution. Il est probable que les étoiles ont une destination analogue, et qu'elles sont, comme notre Soleil, environnées de planètes qu'elles retiennent par leur attraction et qu'elles éclairent et vivifient par leur lumière. Il est remarquable que les éléments les plus répandus dans la foule des étoiles sont ceux qui ont un rapport plus intime avec les organismes vivants de notre globe, comprenant l'hydrogène, le sodium, le magnésium et le fer. Nous pouvons à peine espérer de découvrir des indices certains de la présence de l'oxygène et de l'azote, parce que ces corps ont des spectres de différents ordres. Ces formes de la matière élémentaire, quand elles sont soumises à l'influence de la chaleur, de la lumière et de la force actinique, que nous savons certainement être toutes émises par le rayonnement des étoiles, se trouvent exactement dans les conditions nécessaires à l'existence des êtres organiques vivants tels que nous les connaissons. Ces observations apportent une base de quelque probabilité à ce qui n'a été jusqu'à présent qu'une pure supposition, savoir : que les étoiles, au moins les plus brillantes, sont, comme le Soleil, des centres d'attraction et de vie, pour des systèmes de mondes où peuvent séjourner des êtres vivants. Les astronomes et les philosophes les plus distingués pensent, en effet, que chaque étoile fixe est un soleil destiné à éclairer et à échauffer d'autres planètes comme notre Terre. Quoique notre faible intelligence soit bien éloignée de fixer précisément quelles ont été les fins de la Providence en ce point, l'analogie que les astres lumineux ont avec le Soleil qui nous éclaire nous force à présumer qu'ils ont une même nature, une même destination, et que la majesté et la toute-puissance du Créateur, sont connues et glorifiées par des êtres raisonnables au delà des étroites limites de notre monde, et jusqu'aux bornes les plus reculées de l'espace.

DIVISION DES ÉTOILES EN CONSTELLATIONS. — Pour étudier plus facilement les étoiles, on les a divisées en groupes que l'on appelle constellations. On a donné à ces constellations des noms d'hommes, d'animaux ou d'objets mythologiques tout à fait arbitraires et qui n'ont pas de rapport avec leur figure. On désigne les différentes étoiles d'une même constellation par les lettres de l'alphabet grec, en attribuant les premières lettres aux étoiles les plus brillantes. On regarde généralement les Chaldéens comme les premiers astronomes de l'univers ; ce sont eux aussi les premiers qui aient divisé les étoiles fixes en constellations. Il est parlé dans le livre de Job des *Chambres secrètes du midi*, ce que l'on entend ordinairement des constellations voisines du pôle austral. Selon les meilleurs critiques, les signes du Scorpion et du Taureau sont aussi désignés dans le livre de Job. Les seules constellations dont il soit fait mention tant dans le livre de Job que dans Homère et dans Hésiode, sont la Grande-Ourse, le Bouvier, Orion, le Grand-Chien, les Hiades, les Pléïades, le Scorpion et le Taureau. Cent vingt-cinq ans avant Jésus-Christ, Hipparque fit un catalogue des étoiles avec la description de leur grandeur, de leur situation, de leur longitude et de leur latitude. Ce catalogue est le premier dont nous ayons connaissance. Voici quelques-unes des fables qui ont rapport aux noms que l'on a donnés aux constellations et que l'on peut d'ailleurs voir développées spécialement dans un traité de mythologie : Calisto, nymphe de la suite de Diane, ayant excité la jalousie de Junon, fut changée en Ourse par cette déesse impitoyable. Pour consoler la malheureuse Calisto, Jupiter la plaça dans le ciel avec son fils Arcas, où ils formèrent les constellations de la *Grande et de la Petite Ourse*.

Cassiopée, épouse de Céphée et mère d'Andromède, ayant osé se dire plus belle que les Néréïdes, qui sont les nymphes de la mer, pour la punir, Neptune fit ravager ses Etats par un monstre marin ; le dieu ne s'apaisa que lorsqu'Andromède fut exposée à la fureur du monstre. Jupiter mit *Cassiopée* au rang des constellations. Après avoir épousé Persée, son libérateur, Andromède fut aussi mise au rang des constellations. Persée, époux d'Andromède, était fils de Jupiter et de Danaé ; il tua Méduse, la plus terrible des trois Gorgones, bâtit la ville de Mycène, et, après sa mort il fut de même placé au nombre des constellations. *Céphée*, fils de Phénix, roi d'Ethiopie, épousa Cassiopée, dont il eut Andromède. Il accompagna les Argonautes à la conquête de la Toison-d'Or. Les dieux, après sa mort, le mirent au rang des constellations pour le réunir à son épouse et à sa fille. Le fameux écuyer Trithon, roi d'Athènes, attela le premier quatre chevaux de front à un char ; pour le récompenser de cette invention, Jupiter le plaça au ciel parmi les constellations  On l'appelle le *Cocher*. Lycaon, ayant coupé en morceaux son petit-fils Arcas pour le donner à manger à Jupiter, son hôte, ce dieu, le ressuscita et le plaça au nombre des astres  C'est le *Bouvier*, que l'on appelle aussi *Aretophilax, Garde des Ourses*. Bérénice était l'épouse de Ptolémé-Evergète, roi d'Egypte ; ce prince étant parti pour une expédition dangereuse, Bérénice fit vœu de consacrer sa chevelure à Vénus si son époux revenait. Evergète revint triomphant et Bérénice accomplit son vœu. Quelque temps après, la chevelure ayant disparu du temple de Vénus, l'astronome Conon, courtisan adroit, publia que Jupiter l'avait enlevée et placée parmi les astres C'est la constellation que l'on appelle la *Chevelure de Bérénice*. Arion célèbre joueur de lyre, s'étant jeté dans la mer pour éviter la mort dont les matelots le menaçaient, fut reçu par un dauphin qui le porta sur le rivage. A la prière d'Apollon, dieu des musiciens, le *Dauphin* fut placé dans le ciel. L'empereur Adrien aimait tendrement un jeune homme d'une beauté remarquable, nommé Antinoüs. Adrien croyant devoir sacrifier aux dieux une victime volontaire, Antinoüs se dévoua. En reconnaissance, l'empereur lui fit élever un temple, et donna son nom à une constellation découverte sous son règne. Pour se soustraire à la poursuite des Géants, Vénus et Cupidon se changèrent en poissons, et se transportèrent en Syrie. C'est pour cette raison qu'autrefois les Syriens s'abstenaient de manger des poissons, dans la crainte de dévorer des dieux. Ces poissons, divinisés, furent ensuite transportés dans le ciel et donnèrent leur nom à une constellation. Un bélier couvert d'une toison d'or sauva Phryxus et Hellès de la cruauté d'Ino, fille de Cadmus, leur belle-mère, Phryxus immola ce bélier à Jupiter, et attacha sa toison dans le temple. Jupiter agréa ce sacrifice et plaça dans le ciel le bélier, qui donna son nom à une constellation. Castor et Pollux étaient fils de Jupiter et de Léda. Castor ayant été tué au siége de Sparte, Pollux demanda à Jupiter de donner à son frère la moitié de sa vie, pour que tous deux vécussent chaque jour alternativement. Jupiter récompensa cet exemple si rare d'amitié fraternelle, en plaçant au ciel les deux frères. L'*Ecrevisse* fut mise au ciel à la prière de Junon, parce qu'Hercule la tua pour lui avoir mordu le pied, pendant le combat que ce héros eut à soutenir contre l'hydre de Lerne. Orion se vantait de pouvoir dompter les monstres les plus féroces, et mourut alors de la morsure d'un scorpion. Cet animal fut placé au ciel pour avertir les hommes de ne pas se livrer à l'ostentation et à l'orgueil. Chiron, souffrant beaucoup de la blessure que lui avait faite au pied une flèche d'Hercule trempée dans le sang de l'hydre de Lerne, demanda la mort avec instance ; mais comme il était immortel, les dieux le placèrent dans le ciel. C'est le *Sagittaire*. Le bouc qui fut élevé avec Jupiter sur le mont Ida découvrit et emboucha la conque marine et porta l'effroi parmi les Titans, dans leur guerre contre l'Olympe. Les dieux épouvantés, se cachèrent sous différentes formes d'animaux ; Diane se changea en chat, Apollon en grue, Mercure en ibis, Pan en *capricorne*, qui maintenant est un signe du zodiaque. Ganimède chassant sur le mont Ida, fut enlevé dans le ciel par Jupiter changé en aigle, et devint, à la table de l'Olympe, l'échanson des dieux. C'est le *Verseau*. *Orion*, grand chasseur, était aimé de Diane ; Apollon en devint jaloux et provoqua Diane à tirer sur un objet noir qui sortait de la mer. Cette déesse ayant décoché sa flèche, vit qu'elle avait percé Orion. Pour la consoler, les dieux placèrent sa victime dans le ciel. Le chien d'Orion avait une si grande légèreté qu'il surpassait tous les autres animaux à la course; mais devant lutter en vitesse contre un renard à qui Jupiter avait donné une légèreté égale, il fut enlevé au ciel, dans la crainte que les Destins ne lui fussent contraires. C'est la constellation du *Grand Chien*. Le *Petit Chien* fut placé dans le ciel à cause de l'extrême douleur qu'il avait témoignée de la mort d'Icare, son maître. Phaéton, fils du Soleil et de Climène, obtint de son père de conduire son char pendant un jour; mais ayant failli être la cause de l'embrasement de l'Univers, il fut précipité par la foudre de Jupiter dans l'*Eridan*, qui est le Pô. C'est pour cette raison que ce fleuve a été transporté dans le ciel. L'*Hydre*, le *Corbeau*, la *Coupe :* une même allégorie explique ces trois constellations. Apollon, voulant faire un sacrifice, donna une coupe à un corbeau pour aller chercher de l'eau. Le corbeau étant resté trop longtemps, Apollon le punit en laissant la coupe pleine d'eau et une hydre auprès pour l'empêcher de boire. Tout le monde connaît l'histoire d'Hercule, divinité célèbre de la fable; celle de la lyre d'Orphée, pleurant sur sa chère Euridice, du Dragon gardant le jardin des Hespérides ; du Cygne et du Taureau, dont Jupiter prit la figure ; du Lion tué par Hercule dans la forêt de Némée, etc., etc., qui sont autant de figures mythologiques qui ont donné leurs noms à des constellations.

CONSTELLATIONS VISIBLES SUR L'HORIZON DE PARIS, AVEC DES INDICATIONS POUR LES RECONNAITRE FACILEMENT DANS LE CIEL. — *Cons-*

*tellations septentrionales placées au-dessus du zodiaque.* — 1° La *Grande Ourse* ou *Chariot.* Cette constellation est formée de sept belles étoiles, dont quatre figurent un carré, et les trois autres figurant la queue de l'Ourse, ou le timon du chariot, sont en ligne courbe. Six des sept étoiles de la Grande Ourse sont de la deuxième grandeur ou *secondaires;* la septième, qui est *tertiaire,* est à l'angle du carré d'où part la queue de l'Ourse. Les deux étoiles formant le petit côté du carré opposé à la queue se nomment les *Gardes.* Les pattes de l'Ourse sont figurées par les étoiles placées entre l'Ourse et le Lion.

2° La *Petite Ourse* ou *Petit Chariot,* plus rapprochée du pôle que la Grande Ourse, est aussi formée de sept étoiles offrant la même configuration, c'est-à-dire un carré long et une queue ou flèche; mais ces étoiles sont moins brillantes, et la figure qu'elles dessinent est plus petite et disposée dans le sens inverse de la Grande Ourse. La dernière étoile de la queue de la Petite Ourse est l'étoile *polaire.* C'est une belle étoile *secondaire,* située à 1 degré 39 minutes du pôle. Elle est d'autant plus remarquable, qu'elle est la seule secondaire que l'on aperçoive dans cette région du ciel; elle est placée sur la direction des *Gardes* de la Grande Ourse, de sorte que, pour la reconnaître dans le ciel, il suffit d'imaginer une ligne droite passant par ces deux Gardes, en allant de bas en haut, on rencontrera l'étoile Polaire.

3° *Cassiopée* est située de l'autre côté du

pôle par rapport à la Grande Ourse ; elle ne se couche jamais, c'est-à-dire qu'elle est toujours sur notre horizon. On la distingue facilement par ses cinq étoiles *tertiaires* en forme de M dont les deux jambages sont très ouverts.

4° *Céphée* est formée de trois étoiles tertiaires disposées en arc et cinq étoiles quartaires ; elle est plus rapprochée du pôle que Cassiopée. Le prolongement de la ligne des Gardes de la Grande Ourse, qui a servi à déterminer la Polaire, passe au delà, sur la plus boréale de l'Arc de Céphée.

5° Le *Dragon*. Cette constellation offre une grande file d'étoiles doublement sinueuses. La Queue du Dragon sépare les deux Ourses ; le Corps contourne la Petite Ourse, en se rapprochant de Céphée, et en s'éloignant ensuite par une courbure en sens contraire, pour arriver à la Tête formée de quatre étoiles rendues très visibles par le prolongement d'une ligne droite, menée par les milieux de Céphée et de Cassiopée.

6° *Pégase* présente un grand carré un peu long formé principalement de quatre étoiles *secondaires*. Si, des Gardes de la Grande Ourse, on mène une ligne à l'étoile Polaire, et qu'on la prolonge d'une longueur double, cette ligne droite traverse le carré de Pégase, qui se trouve d'un côté du pôle tout opposé au carré de la Grande Ourse.

7° *Andromède* est la plus septentrionale des quatre étoiles du Carré de Pégase. La ligne droite qui la joint à l'étoile Polaire contient, en son milieu, l'étoile la plus brillante de Cassiopée; elle offre trois étoiles *secondaires* équidistantes en lignes un peu courbes.

8° *Persée*. L'étoile la plus brillante de Persée, qui est *secondaire*, est située au milieu de deux *tertiaires* formant un petit arc convexe vers la Grande Ourse. De l'extrémité de cet arc partent deux files d'étoiles : l'une dirigée à l'orient vers la Chèvre et continuant l'Arc de Persée; l'autre, dirigée vers le Midi, ayant d'abord une courbure opposée et allant ensuite en ligne droite vers les Pléïades. Au-dessous de la plus brillante de Persée se trouve *Algol* ou Tête de Méduse. Cette étoile est changeante; elle reste pendant deux jours et demi comme une étoile *secondaire*, puis son éclat décroît tout à coup; dans l'espace de trois heures et demie, elle n'offre plus qu'une étoile *quartaire;* bientôt son éclat reparaît.

9° Le *Cocher* présente un grand pentagone irrégulier situé à l'orient de Persée. Les trois plus brillantes étoiles forment un triangle isocèle; le sommet, qui est aussi la Corne supérieure du Taureau, se trouve en bas, et la base contient l'étoile de la Chèvre, dans le prolongement de la Ceinture de Persée. *Abhaiot ou la Chèvre* est une étoile de première grandeur. Tout près d'elle, on voit trois petites étoiles nommées les *Chevreaux*, placées en triangle isocèle.

10° Le *Lynx*, constellation peu remarquable, située entre le Cocher et la Grande Ourse, au-dessous de celle-ci.

11° Le *Petit Lion*, composé de six étoiles, se trouve sur le prolongement méridional de la ligne des Gardes de la Grande Ourse.

12° Le *Triangle boréal* est formé de trois étoiles placées en triangle isocèle, entre le Pied d'Andromède et le Bélier.

13° La *Girafe*. Cette constellation, peu apparente, se trouve entre l'étoile Polaire et le Cocher.

14° Le *Bouvier* contient une étoile de la première grandeur nommée *Arcturus*, située sur le prolongement un peu arqué de la Queue de la Grande Ourse. Près et au nord-est d'Arcturus, est le pentagone irrégulier du Bouvier, dont les trois étoiles du Nord forment un triangle isocèle. La Main supérieure du Bouvier est formée de quatre étoiles de quatrième grandeur, situées très près de l'extrémité de la Queue de l'Ourse. Cette main tient deux lévriers placés au-dessous de la Queue de l'Ourse : l'un porte sur son cou une étoile tertiaire appelée le *Cœur de Charles*.

15° La *Chevelure de Bérénice*, appelée aussi *Gerbe de blé*, se compose d'un groupe de petites étoiles très rapprochées les unes des autres, situées entre la Vierge et le Cœur de Charles, au-dessous de la Grande Ourse, près de la Queue du Lion.

16° La *Couronne boréale* se compose de trente-trois étoiles, parmi lesquelles six ou sept sont disposées en demi-cercle, dont la concavité regarde la Tète du Dragon ; la plus brillante est de la troisième grandeur, et se nomme la *Claire* de la Couronne.

17° La *Lyre* est formée de vingt et une étoiles, dont une magnifique *primaire*, nommée la *Claire de la Lyre* ou *Vega*. Elle est opposée à la *Chèvre* relativement aux pôles. *Véga* fait, avec deux autres étoiles *tertiaires*, un triangle isocèle qui aide beaucoup à la faire trouver.

18° L'*Aigle*, ou le *Vautour volant*, est situé au midi de la Lyre. Elle se distingue facilement par trois étoiles remarquables et placées en ligne droite; celle du milieu se nomme Altaïr; elle est de la première grandeur; les deux autres sont de la deuxième.

19° Le *Cygne* ou la *Croix* se compose de cinq étoiles principales, qui forment une croix dans la voie lactée. La plus septentrionale de ces cinq étoiles est de la deuxième grandeur; on la nomme la *Queue* ou la *Claire du Cygne*. La plus méridionale, qui est de la troisième grandeur, s'appelle le *Bec du Cygne*. Cette constellation est située à l'orient de la *Lyre*, et diamétralement opposée aux Gémeaux par rapport aux pôles.

20° Le *Serpent et le Serpentaire ou Ophinchus*. Ces deux constellations n'en forment qu'une seule, qui occupe un vaste espace. La *Tête du Serpentaire* est marquée par une étoile secondaire. La Tête du Serpent est située au-dessous de la *Couronne boréale ;* elle ressemble à une espèce d'Y dont la queue est formée de deux étoiles tertiaires, entre lesquelles se trouve le *Cœur* du Serpent, qui est aussi une étoile secondaire. Le reste du corps se prolonge en une file d'étoiles *tertiaires*, et va s'abaissant beaucoup au-dessous de l'équateur.

21° La *Flèche* est composée de dix-huit étoiles de quatrième et cinquième grandeur elle se voit au nord et assez près de l'Aigle, entre Altaïr et le Pied de la Croix du Cygne.

22° *Hercule.* La partie principale de cette constellation est formée d'un quadrilatère de quatre étoiles de troisième grandeur. Le milieu de la ligne droite menée de *Véga* à la *Claire* de la Couronne boréale, traverse le quadrilatère d'Hercule. Sa tête, qui est formée d'une étoile tertiaire, se trouve à côté de celle d'Oph nchus.

23° Le *Dauphin.* Cette constellation est formée de cinq étoiles principales, dont une *tertiaire*, située au sud de quatre autres étoiles qui sont réunies dans un petit espace en forme de losange.

24° *Antinoüs* se trouve au-dessous et près de l'Aigle. Cette con-tellation est formée de six étoiles principales, dont quatre forment un quadrilatère; la plus orientale est formée dans le prolongement de la ligne droite des trois étoiles de l'Aigle.

25° Le *Petit Cheval* se trouve entre la constellation de l'Aigle et celle de Pégase; il se compose de quatre étoiles formant un carré irrégulier, dont les plus longs côtés vont du nord au sud.

CONSTELLATIONS DU ZODIAQUE.— 1° Les *Poissons.* Cette constellation, au 342° degré de l'écliptique, s'étend de 18 degrés jusqu'au 360°; là est le point équinoxial et le commencement du signe du Bélier. Les Poissons s'étendent encore de 42 degrés; ainsi, ils en contiennent en tout 60, ou l'espace de deux signes. Les douze premiers degrés de cette constellation lui sont communs avec le Verseau, et son dernier degré lui est commun avec le Bélier. Elle se compose de deux étoiles : l'une nommée Poisson oriental, située au-dessus de l'écliptique, sous Andromède et le Triangle ; l'autre, nommée Poisson occidental, est rapprochée de l'écliptique. Les Poissons sont liés par un cordon formé de deux files d'étoiles très fines, qui, de part et d'autre, se réunissent à une étoile tertiaire ou nœud.

2° Le *Bélier* n'occupe que 20 degrés 17 dans le signe du Taureau ; il n'a que trois étoiles remarquables Son ensemble forme une espèce d'accent circonflexe au-dessus de l'écliptique.

3° Le *Taureau* occupe 10 degrés dans le signe qui porte son nom et 22 dans le signe des Gémeaux. C'est dans celui-ci qu'est la Tête du Taureau, facile à reconnaître ; elle forme un V, le pied de ce V est du côté du Bélier, les deux pointes se dirigent vers la voie lactée. L'une de ces pointes est formée par une belle étoile de première grandeur, nommée *Aldébaram* ou l'Œil du Taureau, qui va joindre une petite étoile près de la voie lactée ; l'autre pointe est formée d'une étoile de deuxième grandeur Ces deux étoiles sont les deux cornes de l'animal.

4° Les *Gémeaux*, qui forment un carré long et irrégulier de quatre étoiles principales ; deux de ces étoiles sont secondaires et situées à l'est du Taureau ; elles forment les pieds des Gémeaux. Leurs têtes sont deux belles étoiles : *Castor*, de première grandeur, est au nord; elle est plus près du pôle et de la voie lactée; *Pollux*, qui est de deuxième grandeur, en est un peu plus éloignée.

5° L'*Ecrevisse*, ou le *Cancer*, est composée d'étoiles assez difficiles à distinguer; on la rencontre en allant des Gémeaux au Lion.

6° Le *Lion* occupe 38 degrés dans le zodiaque; il forme un grand trapèze de quatre belles étoiles au-dessous de la Grande-Ourse. Si des deux étoiles du carré de la Grande Ourse, les plus voisines de sa queue, on tire une ligne droite, elle conduit, en se prolongeant, à *Régulus* ou le *Cœur du Lion*, qui est une très belle étoile de première grandeur, située un peu au-dessus de l'écliptique. Sa tête, plus élevée, formant un carré de quatre petites étoiles donnant sur l'Ecrevisse, a une belle étoile secondaire qui représente la Queue du Lion.

7° La *Vierge*. Sur le prolongement d'une grande ligne diagonale tirée par le carré de la Grande Ourse, vers le midi, on rencontre une belle étoile de première grandeur qui est l'*Epi de la Vierge*. Cinq étoiles tertiaires disposées en forme de V très ouvert appartiennent à cette constellation; on appelle la *Vendangeuse*, celle qui se rapproche le plus de la Chevelure de Bérénice.

8° La *Balance* se trouve facilement par le prolongement de la droite menée de *Régulus* du Lion à la *Vendangeuse* de la Vierge. Deux belles étoiles secondaires forment les bassins de la Balance; deux autres étoiles tertiaires lui donnent la forme d'un carré oblique.

9° Le *Scorpion* est composé de six étoiles principales placées symétriquement, savoir : trois à peu près en ligne droite, du nord au sud, et trois de l'est à l'ouest. Celle du milieu des trois dernières est de première grandeur et très brillante. C'est Antharès ou le Cœur du Scorpion.

10° Le *Sagittaire* est la première constellation qui passe au méridien après le Scorpion. Cette constellation, très apparente, est en partie dans la voie lactée ; elle est marquée par une ligne menée du milieu du Cygne vers le milieu de l'Aigle.

11° Le *Capricorne*, composé de cinq principales étoiles de troisième grandeur, se trouve à l'est en partant du Bec du Cygne et passant par la Claire de l'Aigle.

12° Le *Verseau* est peu apparent, ses plus belles étoiles n'étant que de la troisième grandeur. Il est près du Capricorne, à l'est. On le trouve dans toute sa longueur, en allant du Dauphin à Fomalhaut ou Bouche du Poisson austral.

*Principales constellations placées au-dessous du zodiaque.* — 1° *Orion*. C'est la plus remarquable constellation du ciel ; elle est composée de onze étoiles principales : deux de la première grandeur, quatre de la seconde, deux de la troisième et trois des quatrième et cinquième. Elle est placée au-dessous du Cocher, entre les Gémeaux et le Taureau ; elle présente un grand quadrilatère dont les diagonales sont formées de deux secondaires et de deux primaires ; à l'angle nord-est est l'épaule droite, étoile de première grandeur nommée *Adahen*; à l'angle sud-ouest est le pied gauche, étoile de première grandeur nommée *Rigel*. Au milieu du quadrilatère sont trois étoiles de deuxième grandeur que l'on appelle le *Baudrier d'Orion*, ou la *Ceinture*, les *Trois Rois*, le *Rateau*, ou le *Bâton de Jacob*.

2° La *Baleine*, grande constellation située au midi du Bélier et au-dessous de l'espace qui est entre les Pléïades et le carré de Pégase.

3° Le *Corbeau*, qui a la forme d'un assez grand trapèze, formé de quatre étoiles principales au midi de la Vierge, à peu près sur l'alignement de la *Lyre* à l'*Épi*.

4° Le *Lièvre* forme un quadrilatère par quatre étoiles de troisième grandeur, au-dessous de celui d'Orion et à droite du Grand-Chien.

5° La *Coupe* est située au-dessous des quartaires qui forment les pieds de derrière du *Lion*. Elle est formée d'étoiles de quatrième grandeur en demi-cercle placées à droite et près du Corbeau; d'autres quartaires, qui s'aperçoivent au-dessous du demi-cercle, représente le pied de la Coupe.

6° L'*Hydre* occupe le quart de l'horizon sous le Cancer, le Lion et la Vierge. A la gauche de *Procyon* est la tête formée de quatre étoiles quartaires. La ligne tirée par le côté occidental du grand trapèze du Lion va rencontrer la primaire Alfrad ou le Cœur de l'Hydre. Une file de dix étoiles forme les replis de l'Hydre, qui porte sur son dos le *Corbeau* et la *Coupe*.

7° L'*Eridan*, formé d'une longue traînée d'étoiles tertiaires et quartaires, commence aux pieds d'Orion, à la première nommée *Rigel*, se replie sur lui-même au-dessous du Taureau et de la Baleine, et va finir sous l'horizon par une belle étoile primaire invisible pour nous.

8° Le *Petit Chien*, placé entre l'Hydre et Orion, offre une belle étoile de première grandeur nommée *Procyon*, au nord de Sirius, au-dessous des Gémeaux; une tertiaire, se rapprochant des pieds des Gémeaux, représente la gueule du Petit Chien.

9° Le *Grand Chien*, placé sous les pieds d'Orion, se compose principalement de cinq étoiles secondaires et de *Sirius*, la plus belle et la plus brillante du ciel.

## CHAPITRE XIII

### DES COMÈTES.

*Comète*, d'après l'étymologie du mot, tiré du grec, veut dire *étoile chevelue*. Le point lumineux qui s'aperçoit ordinairement vers le centre d'une comète s'appelle le *noyau*. L'espèce d'auréole lumineuse qui entoure le noyau de tous les côtés porte le nom de *che-*

*relure*. Le noyau et la chevelure réunis forment la *tête de la comète*. Les traînées lumineuses, plus ou moins longues, dont la plupart des comètes sont accompagnées, s'appellent leurs *queues*. La nature de ces astres vagabonds est encore un problème pour nos astronomes. Les comètes furent, dans les siècles d'ignorance, des sujets de terreur et d'effroi, soit à cause de la rareté de leur apparition, soit à cause de leur figure extraordinaire et de leur queue ou chevelure, qui présente souvent un aspect menaçant. Leur existence, pour ainsi dire à part dans les régions sidérales, la singularité de leurs mouvements, la bizarrerie de leur forme, étaient en effet de nature à faire naître des terreurs mystérieuses, alors que la science n'avait pas encore pu pénétrer les secrets de la mécanique céleste.

Les peuples les regardaient comme le présage de grandes calamités, et justifiaient de si puériles frayeurs en leur attribuant les sinistres événements qui les précédaient ou les suivaient immédiatement.

On prétendit que la mort de Jules César fut annoncée par la comète qui parut l'an 44 avant notre ère; les cruautés de Néron par celle de 64; l'origine du mahométisme par celle de 603 : on trouvait que sa queue avait la forme d'un cimeterre turc; l'irruption de Tamerlan par celle de 1240, et la chute de l'empire grec par celle de 1456.

« Seul, ou presque seul, dit M. Babinet, Sénèque opposa sa puissante logique aux idées superstitieuses de ses contemporains, et de ceux qui avaient vécu dans les siècles antérieurs; les comètes, suivant lui, se meuvent régulièrement dans des routes produites par la nature; et, jetant un regard vers l'avenir, il affirme que la postérité s'étonnera que son âge ait méconnu des vérités si palpables; il avait raison contre le genre humain tout entier, ce qui équivaut à peu près à avoir tort. »

Par les travaux théoriques de Newton et par les calcul. de Halley, la prédiction de Sénèque était accomplie : les comètes, ou du moins quelques-unes d'entre elles, suivant des orbites régulières, leur retour pouvait être prévu; elles cessaient d'être des existences accidentelles : c'étaient de vrais corps célestes à marche réglée. Le merveilleux disparaissait, ou du moins il passait au génie qui avait percé le mystère de la nature; car, après la puissance créatrice et organisatrice du monde, le premier rang appartient à l'intelligence qui a pénétré la pensée du créateur.

La comète de 1664 devait causer la mort de tous les souverains, d'après un dicton vulgaire; cependant, aucun ne mourut cette année-là.

Les comètes que l'on a aperçues récemment, au milieu de tant de grands événements politiques, n'ont pas été accusées de les avoir produits; au contraire, d'abondantes récoltes et d'excellentes qualités de vin ont accompagné celle de 1811, dont l'aspect fut cependant terrible.

Plusieurs comètes récentes ont été remarquables :

Le 8 janvier 1862, M. Ninnecke, de Poulkova, aperçut une comète télescopique de 3 à 4 minutes de diamètre. Peu après le 8 janvier, il fut reconnu que le même astre avait déjà été découvert en Amérique le 29 décembre, par M. Tuttle.

Une autre comète, visible à l'œil nu pour une vue perçante, a été aperçue le 2 juillet, vers les dix heures du soir, par M. Schmidt, directeur de l'observatoire du baron Sina, à Athènes. Cette comète a paru subitement visible à l'œil nu, et se dirigeant rapidement vers le pôle boréal, circonstance qui rappelle la manière dont la grande comète de 1861 s'est présentée, au moment où elle a été découverte en Europe. Lorsque cette découverte a eu lieu, l'astre chevelu était visible déjà depuis sept semaines dans l'hémisphère austral. J'ai pu l'observer à l'île de la Réunion. On le voyait très bien le soir, vers les sept heures et demie dans la direction du nord-est, à une petite hauteur au-dessus de la mer. Son éclat était faible et pouvait à peine être comparé à une étoile de troisième grandeur; en revanche, sa chevelure, tournée vers l'est, était vaste et présentait à l'œil nu près de 18 degrés de longueur.

La comète de Charles-Quint, attendue de 1856 à 1862, et qui, suivant une opinion qui a produit une contagion presque générale, devait bouleverser le monde, est oubliée, on désespère de la revoir.

Quand on pense à la terreur profonde et fabuleuse que cette attente a causée au dix-neuvième siècle, il ne nous est plus permis

de sourire en considérant la bonne foi des
siècles que nous appelons, à tort peut-être,
siècles d'ignorance.

Il n'y a qu'un très petit nombre de comètes,
dont l'orbite soit assez bien connue pour
qu'on puisse prédire leur retour avec exactitude; ce sont : la comète de Hallez, qui effectue sa révolution autour du soleil en soixante-
quinze ans; celle de Hencke, qui effectue la
sienne en mille deux cents jours environ;
celle de Gambard ou de Biéla, dont l'orbite
est parcourue en six ans trois quarts; enfin,
celle de Faye, qui revient tous les sept ans et
demi.

Les autres comètes effectuent généralement leurs révolutions dans des ellipses tellement allongées, eu égard à leurs plus grandes dimensions; les portions d'orbites où
nous les apercevons sont d'ailleurs tellement restreintes, qu'il n'est guère possible, lors d'une première apparition, de déterminer autre chose que la position du plan
dans lequel elles se meuvent, et la longueur,
ainsi que la direction au périhélie, c'est-à-
dire à la plus courte distance du Soleil.

Ce n'est que lorsque les orbites de deux comètes, qui se sont montrées à deux époques
différentes, ont sensiblement les mêmes éléments, que les astronomes se croient autori-
sés à regarder ces comètes comme identiques,
et à conclure, par conséquent, la nature de
l'orbite et la durée de la révolution.

L'apparence physique des comètes éprouve
des changements si considérables du jour au
lendemain, et, à plus forte raison, entre deux

apparitions séparées par un long intervalle de temps, qu'il n'y a pas moyen de compter sur des ressemblances de forme pour reconnaître l'identité.

La ressemblance elle-même des éléments ne peut être considérée comme une preuve complète d'identité, que lorsque la réapparition conclue de cette ressemblance a réellement eu lieu ; et c'est alors seulement que la comète est classée parmi les comètes périodiques, et que l'on peut calculer avec précision les éléments de son orbite.

Un astronome pourra bien, pour une comète de rotation connue, fixer le jour où elle passera au périhélie, c'est-à-dire le jour où elle se trouvera le plus rapprochée du Soleil, et celui où elle arrivera le plus près de la Terre ; mais le jour de leur première apparition, même pour les comètes les mieux connues, ne pourra pas être précisé, car l'observation a démontré que leur visibilité dépend non-seulement des distances, mais encore d'autres circonstances physiques auxquelles elles peuvent être assujetties dans leurs cours éloignés, et qui nous sont tout à fait incalculables.

Depuis les premiers âges de l'astronomie jusqu'à l'invention du télescope, on n'a pu remarquer que les plus brillantes comètes ; il ne se passe guère d'année maintenant sans qu'on n'en observe une ou deux.

Un certain nombre de ces astres échappent à l'observation lorsqu'ils traversent le ciel pendant le jour ; ils ne peuvent devenir visibles que par le rare événement d'une éclipse considérable de Soleil. Au rapport de Sénèque, c'est ce qui arriva soixante ans avant Jésus-Christ : une éclipse totale permit de voir une énorme comète près du Soleil.

D'autres, cependant, furent assez brillantes pour être aperçues en plein midi, telles que celles de l'an 44 avant Jésus-Christ, de 1402 et de 1532. Les comètes décrivent autour du Soleil des ellipses si allongées, qu'elles paraissent se mouvoir presque en ligne droite. La position de ces ellipses varie beaucoup, le mouvement de ces astres se faisant dans toutes les directions.

Comme ils se rapprochent et s'éloignent considérablement du Soleil, ils éprouvent une alternative de chaleur et de froid extrême.

La comète de 1680 n'était, dans le point le plus rapproché du Soleil, qu'à 850,000 kilomètres environ de cet astre, c'est-à-dire à peu près cent soixante-six fois plus proche du Soleil que nous n'en sommes nous-mêmes ; aussi la chaleur qu'elle en reçut fut-elle vingt-huit mille fois plus considérable que celle que l'on éprouve sur la Terre, température plusieurs milliers de fois plus élevée que celle du fer en fusion. Celle de 1843 n'a passé qu'à 52,000 kilomètres du Soleil ; elle a dû supporter une température neuf millions de fois plus élevée que dans les régions qui entourent notre globe.

Pour l'ordinaire, les comètes ne paraissent à nos yeux que lorsqu'elles sont parvenues dans la partie de leur orbite qui est la plus voisine du Soleil ; alors leur course devient plus accélérée et elles ne tardent pas à disparaître à nos regards.

Leur retour, au contraire, est retardé souvent de plusieurs siècles, parce que, ces astres s'éloignant de plus en plus du soleil, leur marche devient, à proportion, comme celle des planètes, beaucoup plus lente.

La rapidité de la comète de 1682, calculée par Newton, était de près de 293,000 lieues par heure, elle descendait des régions reculées de l'espace et faisait un angle droit avec l'orbite de la Terre.

La plupart des comètes ne paraissent que comme des masses vaporeuses, rondes ou un peu ovales, plus denses vers le centre, mais sans masses distinctes, ni rien qui ressemble à un corps solide.

Les étoiles restent visibles, lors même qu'elles sont recouvertes par la portion en apparence la plus dense de la comète; pourtant un léger nuage suffit pour les faire disparaître à nos yeux. Dans quelques-unes, cependant, on a aperçu, à l'aide de puissants télescopes, un noyau solide extrèmement petit.

Le volume extraordinaire des comètes est probablement dû à la faible attraction que le noyau, si peu volumineux, oppose à l'élasticité des particules gazeuses, car l'attraction est en raison directe des masses; c'est-à-dire que, plus un corps contient de molécules sous un même volume, plus il attire les corps environnants. Si la Terre diminuait de masse, l'atmosphère occuperait immédiatement un plus grand espace.

Hallez calcula, en 1705, l'orbite de plusieurs comètes, suivant le système d'attraction formulé par Newton. Il reconnut que la comète de 1531, de 1607 et de 1682, était la même qui devait reparaître en 1759. Sa prédiction s'est parfaitement vérifiée. Comme on l'avait calculé d'avance, cette comète a reparu en 1835, et on la reverra en 1911 ; le grand axe de son orbite est de 1,239,000,000 de lieues, sa période, de soixante-dix-sept ans cinq mois.

La comète de Newton a une période d'environ cinq cent soixante-quinze ans ; en remontant sept périodes, certains commentateurs ont calculé que cette comète avait dû passer près de la Terre l'an 2349 avant Jésus-Christ, époque assignée au déluge par Moïse. Cependant la cause du déluge ne saurait être cette comète. Le système qui l'attribue à cet astre a été amplement réfuté dans divers ouvrages.

Nous ferons remarquer cependant que la prédiction du retour des comètes n'est pas toujours parfaitement précise : ainsi la comète de Halley reparut bien en 1759, mais après quelques mois de retard, dû à l'action de quelques planètes voisines, retard annoncé d'avance par Clairaut, ce qui offrit une vérification victorieuse de l'attraction qui n'avait pas encore rallié tous les savants.

La grande et belle comète de 1556, dont le retour avait été calculé pour 1848, n'a pas reparu. Un astronome de Middelbourg, par un travail immense, avait calculé l'influence secondaire des planètes sur le retour de cette grande comète; il trouvait pour résultat qu'elle serait retardée de dix ans, et qu'avec cette incertitude seulement de dix années, nous aurions la comète en 1858. C'est cette comète que l'on a attendue de jour en jour jusqu'en 1862, et que l'on désespère de retrouver.

Celle qui a paru en septembre 1853 était à 26,700 000 lieues de la terre; elle parcourait 150 lieues par minute, 9,000 par heure et 216,000 par jour; son diamètre était de 2,666 lieues, c'est-à-dire à peu près comme celui de la Terre; sa queue avait 1,500,000 lieues de longeur et une largeur presque égale à la distance qui existe entre la Lune et la Terre; elle était de 83,330 lieues.

Il ne serait pas impossible qu'une comète vînt un jour heurter la Terre; cependant il y a des millions de probabilités contre une telle rencontre.

D'ailleurs, les savants calculs de mécanique exécutés par M. Babinet prouvent surabondamment que ce choc serait tout à fait insignifiant pour nous, à cause du peu de densité de la comète relativement à celle de l'atmosphère.

Voici le résumé des deux dernières communications qu'il a faites à l'Académie des sciences sur ce sujet :

D'après les estimes de sir John Herschell, de Bessel, de M. Struve, de l'amiral Smyth, et même d'Arago, le contraste des intensités lui a fourni, pour l'équivalent atmosphérique d'une comète, un nombre si petit, qu'il réduit presque à rien la densité de ces astres;

car on n'a pu reconnaître aucune réfraction, même dans leur noyau.

Il fait remarquer que le résultat auquel on arrive est tellement exorbitant, qu'il n'aurait pas osé le mettre sous les yeux de l'Académie, s'il était autre chose que la déduction immédiate de faits et de lois admises par tous.

Tous les astronomes ont reconnu que la densité des comètes n'affaiblit pas sensiblement la lumière des plus petites étoiles, vues au travers de leurs queues et même de leurs noyaux.

En sorte que le choc direct d'un de ces astres ne pourrait pas faire pénétrer, même dans notre atmosphère, la matière infiniment peu dense dont ils sont composés.

Les étoiles de dixième, de onzième grandeur, et même au-dessous, ont été vues au travers de la partie centrale des comètes sans déperdition sensible de leur éclat.

Il est facile d'expliquer l'erreur de ceux qui ont admis des noyaux opaques; il suffit de prendre pour exemple la comète bien connue d'Encke, qui est quelquefois visible à l'œil nu, et qui présente généralement une masse arrondie.

En 1828, elle formait un globe régulier, d'environ 500,000 kilomètres de diamètre, sans noyau distinct, et M. Struve vit au travers de sa partie centrale une étoile de onzième grandeur, sans remarquer de diminution d'éclat.

On peut admettre que le clair de lune fait disparaître toutes les étoiles au-dessous de la quatrième grandeur; or il y a entre la cinquième grandeur et la onzième six ordres de grandeur, et, d'après le fractionnement qui règle ces divers ordres, on peut admettre qu'une étoile qui est d'un seul degré de grandeur au-dessus d'une autre étoile, est deux fois et demie plus lumineuse que cette dernière.

On tire de là, que l'étoile de cinquième grandeur est environ deux cent cinquante fois plus brillante que l'étoile de onzième grandeur ; ainsi, l'illumination de l'atmosphère par la Lune est bien plus intense que l'illumination de la substance cométaire par le Soleil lui-même, puisqu'il faudrait rendre la comète trois mille six cents fois plus lumineuse pour qu'elle pût éteindre une étoile de onzième grandeur, tandis que l'éclat de l'atmosphère éclairée par la Lune, suffit pour rendre invisibles des étoiles qui sont deux cent cinquante fois plus brillantes.

Quand on fait attention aux mesures de Wollaston, auxquelles sir John Herschell dit qu'il ne voit point d'objection à faire, la disproportion devient encore plus grande, l'illumination de la pleine Lune étant un peu moindre que la huit cent millième partie du plein Soleil

Pour compléter les données de son calcul, M. Babinet rappelle que, d'après la densité de l'air dans les couches inférieures de l'atmosphère, et son poids total indiqué par la colonne barométrique, toute la couche aérienne qui constitue l'atmosphère est équivalente à une couche d'environ 8 kilomètres d'épaisseur, et ayant pour densité celle de l'air à la surface de la Terre.

D'après les données du savant astronome, la substance d'une comète ne pourrait être évaluée, en densité, à une quantité aussi élevée que celle de l'atmosphère diminuée par l'énorme diviseur 45 millions de milliards. Le choc d'une substance si peu compacte serait tout à fait nul, et il n'en pourrait pénétrer aucune parcelle, même dans les parties les plus dilatées de notre extrême atmosphère.

On a accusé M. Babinet d'un peu d'exagération dans l'estime infiniment réduite qu'il a faite de la matière des comètes. L'illustre membre de l'Institut répond ainsi :

« Voici les paroles d'une haute autorité scientifique, de sir John Herschell, associé étranger de l'Académie des sciences, et aussi excellent physicien qu'astronome infatigable et mathématicien pratique. Les vues d'un esprit de cette capacité et de cette illustration auront, je l'espère, quelque poids, et, indépendamment de cette autorité même, je préviens les incrédules que je tiens encore en réserve deux autres arguments *à fortiori*, qui réduisent les comètes à pouvoir à peine fournir assez de substance pour la médecine homœopathique. Voici les paroles de sir John, sous le titre : *Excessive ténuité des comètes*.

« En un mot, la queue d'une grande comète
» pourrait bien ne consister qu'en un très
» petit nombre de livres ou même de quelques onces de matière ! » Voilà du positif. (*Outliness of Astronomy*, art. 559; 1850.) J'ai donné, dans la *Revue des Deux-Mondes*, le poids de la terre en kilogrammes. Le nom-

bre comprend une ligne entière de zéros à la suite des premiers chiffres. Il est inutile de le récrire ici; mais le lecteur pourra s'assurer que la comète de sir John Herschell ne serait pas à la terre, ce que le plus petit moucheron serait à l'éléphant ou à la baleine, et sa queue, fût-elle formée du poison le plus violent, ne pourrait nuire aux existences vitales les plus éphémères de la nature. On lit dans quelques-uns des ouvrages les plus en vogue dans le dernier siècle cette boutade latine contre la prétendue légèreté des femmes: « *Quid levius pluma? — Pulvis. — Quid pulvere? — Ventus. — Quid vento? — Mulier. — Quid muliere? — Nihil.* » (Quoi de plus léger que la plume? — La poussière. — Que la poussière. — Le vent. — Que le vent? — La femme. — Que la femme? — Rien.) « Il n'est personne, sans doute, qui n'ait devancé ma plume pour dire: Et les comètes, donc? Au reste, s'il y a des femmes bien légères, il y a des hommes bien lourds, comme le disait une dame d'esprit à un ennuyeux interlocuteur qui lui ressassait cette vieille métaphore. »

Les chances pour la rencontre d'une comète avec la Terre sont à peu près dans le même ordre que celles de la rencontre de deux grains atomiques de poussière qui volent au vent, l'un à Paris, et l'autre quelque part en Amérique.

Quelque incertaine d'ailleurs que nous paraisse la marche des comètes, celui dont la main puissante a marqué toutes les œuvres de la création du sceau de l'ordre et de la stabilité, a dû fixer à ces astres errants une route telle qu'il leur fût impossible de porter la confusion dans l'univers.

## CHAPITRE XIV

### BOLIDES, ÉTOILES FILANTES, AÉROLITHES

I. — On nomme *bolides* des corps qui semblent enflammés, et qui se meuvent dans le ciel avec une excessive rapidité : ils sont connus vulgairement sous le nom d'*étoiles filantes*, on les nomme aussi *aérolithes*.

Pendant leur course dans l'espace, les bolides lancent des étincelles et laissent derrière eux une traînée brillante. Il arrive souvent qu'ils disparaissent sans qu'on remarque d'autres phénomènes ; mais quelquefois aussi, ils sont accompagnés de détonations aussi fortes que celle d'un coup de canon, se terminant par un sifflement et par la chute de projectiles. Ces projectiles sont composés des mêmes principes chimiques et à peu près dans les mêmes proportions. On y trouve du soufre, de la silice, de la magnésie, du fer, du nickel, du manganèse et du chrome. Il est important de remarquer que le fer et le nickel sont à l'état métallique, ce qui n'a lieu dans aucune des agrégations minérales que l'on trouve à la surface de la terre. En général, les aérolithes offrent une grande régularité de forme; leurs angles nombreux sont souvent émoussés par la fusion, et leur surface est recouverte d'une sorte d'émail métallique noirâtre, dont l'épaisseur dépasse rarement un millimètre. A l'instant de leur chute, ils ont une température élevée; leur pesanteur varie depuis quelques grammes jusqu'à plusieurs centaines de kilogrammes. Celui que Pallas trouva en Sibérie est estimé peser 800 kilogrammes. Dans le Brésil, il y en a un qui, dit-on, pèse 700 kilogrammes, et un autre, trouvé sur les bords de la Plata, ne pèserait pas moins de 50,000 kilogrammes. Les aérolithes sont connus dès la plus haute antiquité. Anaxagore les fait tomber du Soleil, et, suivant lui, cet astre ne serait qu'un immense aérolithe. Du temps de ce philosophe, une pierre noirâtre, de la dimension d'un char, tomba près du fleuve Ægos-Potamos, en Thrace. C'est le premier phénomène de ce genre dont les historiens aient fait mention. Cette pierre se voyait encore dans le même lieu du temps de Vespasien. Des projectiles du même genre se trouvaient dans le gymnase d'Abydos, et dans la ville de Canondria, en Macédoine. Pline dit avoir vu lui-même une de ces pierres tomber dans la campagne des Vocontiens, dans la Gaule Narbonnaise. Cybèle était adorée en Galatie sous la forme d'une pierre tombée du ciel; le Soleil, à Emèse, en Syrie, recevait un culte semblable sous la même forme.

II. — Pendant longtemps les savants, ne

pouvant expliquer le phénomène des aérolithes, se refusèrent à y croire. Ce fut seulement en 1794 que Chladini osa se ranger ouvertement du côté de la prétendue superstition populaire, et tenta de démontrer que cette superstition, comme tant d'autres, n'était point sans fondement. Et lorsque, le 26 avril 1803, une pluie de pierres des plus remarquables vint à tomber en plein jour sur la petite ville de l'Aigle, en Normandie, l'Institut nomma une commission qui se rendit sur les lieux, et dont le rapport ne laissa aucun doute sur la réalité des aérolithes. C'est M. Biot qui fut délégué par l'Académie des sciences pour aller étudier l'authenticité et la nature de ce phénomène; mais il paraissait encore si étrange, même au sein de la compagnie la plus familière avec les nouveautés de la science, que plusieurs membres ne voulaient pas qu'elle s'occupât publiquement de cette affaire, craignant qu'elle n'y compromît sa dignité. M. de Laplace se décida cependant à passer par-dessus ces hésitations, et le rapport que fit M. Biot démontra parfaitement l'à-propos et l'efficacité de sa mission. Pour expliquer ce phénomène des plus curieux, on proposa les hypothèses suivantes: 1º On supposa d'abord que les aérolithes étaient, comme la pluie ou la grêle, de véritables météores qui se formaient dans l'atmosphère par voie d'agrégation. Quoique très simple en apparence, cette hypothèse est très invraisemblable. Aucun des principes constituant les pierres météoriques ne se trouve dans l'atmosphère; il faudrait, de plus, que ces principes y soient à l'état gazeux, et en assez grande quantité pour donner naissance à des pierres de plusieurs quintaux, ou à des milliers de pierres de grosseurs différentes. Si les aérolithes se formaient dans l'atmosphère, ils obéiraient aux lois de la pesanteur et tomberaient en ligne droite, ce qui n'est pas, car ils ont dans leur chute une vitesse de translation horizontale, qui paraît être plus grande que celle qui entraîne notre planète dans son mouvement autour du Soleil. 2° Laplace pensait que les aérolithes pouvaient tirer leur origine des irruptions de quelques volcans de la Lune.

La Lune n'étant point entourée d'une atmosphère résistante, il est permis d'admettre qu'une pierre peut être lancée avec assez de force par un de ses volcans pour sortir de la sphère d'attraction de ce satellite, et entrer dans celle de la Terre. Il ne faudrait pour cela qu'une vitesse égale à cinq fois et demie celle d'un boulet de canon. Cette hypothèse explique la direction oblique que les aérolithes suivent dans leur chute ; car une fois la limite de l'attraction de la Lune dépassée, la pierre lancée devient un satellite de la Terre, et par suite des perturbations qu'elle éprouve, finit par tomber à sa surface. 3° Chladini admit que les aérolithes étaient des fragments de planètes ou même de petites planètes qui, en circulant dans l'espace, étaient entrées dans l'atmosphère terrestre, y avaient perdu graduellement leur vitesse par l'effet de la résistance de l'air, et venaient enfin tomber à la surface de la Terre. Cette hypothèse qui fait des aérolithes des *astéroïdes*, ou petites planètes, nom donné autrefois à Cérès, Pallas, Junon et Vesta, circulant par milliards autour du Soleil, et ne devenant visibles qu'au moment où elle pénètrent dans notre atmosphère et s'y enflamment, peut expliquer la plupart des circonstances qui précèdent et qui accompagnent la chute des pierres météoriques.

III. — La vitesse de ces météores s'est trouvée quelquefois de 48 kilomètres ou 12 lieues par seconde ; c'est à peu près le double de la vitesse de translation de la Terre autour du Soleil. Alors même que l'on voudrait prendre la moitié de cette vitesse apparente pour une illusion, pour un effet de la translation de la Terre dans son orbite, il resterait six lieues à la seconde pour la vitesse de l'aérolithe, vitesse plus grande que celle de toutes les planètes supérieures, la Terre exceptée.

On a reconnu que si les étoiles filantes s'enflamment dans notre asmosphère, elles n'y prennent pas du moins naissance ; qu'elles viennent du dehors, et que leur direction la plus habituelle semble diamétralement opposée à la direction de la Terre dans son orbite. Dans l'étonnante apparition d'étoiles filantes ou bolides, observée en Amérique dans la nuit du 12 au 13 novembre 1823, ces météores se succédaient à de si courts intervalles, qu'on ne put les compter ; des évaluations modérées en portèrent le nombre à plusieurs centaines de mille. On les aperçut le long de la côte orientale de l'Amérique, depuis le golfe du Mexique jusqu'à Halifax, à partir de

neuf heures du soir jusqu'au lever du Soleil,
et même, en quelques endroits, en plein jour
à huit heures du matin. Il est à remarquer
qu'avant 1833, on avait déjà observé, vers la
même époque, et dans d'autres pays, des phénomènes analogues, et depuis que l'attention
des savants a été attirée sur ce point, l'apparition périodique des bolides a été constatée
non-seulement dans les nuits du 12 au 13
novembre, mais encore dans celles du 9 au 10
août.

IV. — Dans ces derniers temps, on a beaucoup étudié ces phénomènes, soit en France,
soit en Angleterre, soit en Allemagne, etc.
M. Faye a fait dernièrement une communication à l'Académie, où il parle des travaux
des astronomes sur ce sujet, tout en émettant
des opinions qui lui sont propres. Nous le sui-
vrons dans les pages suivantes. Aujourd'hui,
les astronomes attribuent les étoiles filantes
à des anneaux de matière cosmique, circulant non plus autour de la Terre, mais autour
du Soleil, anneaux planétaires dont l'origine
serat tacherait à l'hypothèse cosmogonique
de Laplace. L'anneau de Saturne serait une
sorte de spécimen de ces anneaux, et pour
compléter l'analogie, il suffirait que l'orbite
un peu excentrique de l'une des lunes de Saturne, vînt percer le plan de l'anneau dans
l'une de ses régions, et passât en dehors ou
en dedans de l'anneau dans la région opposée :
ce satellite-là, suivant une expression de
M. Chasles, aurait des étoiles filantes.

Cependant si l'on compare l'une ou l'autre
de ces hypothèses avec les faits généraux les

mieux établis, dit M. Faye, on en reconnaît aussitôt l'insuffisance. Ces faits généraux sont les étoiles sporadiques, qui apparaissent toute l'année à raison de dix ou onze environ par heure, dans toutes les directions imaginables, puis les étoiles filantes périodiques qui apparaissent par essaims vers les 9, 10 et 11 août, avec une régularité bien remarquable depuis 1842; enfin, les étoiles périodiques de novembre, dont les maxima se déplacent irrégulièrement d'une année à l'autre, et ont même entièrement disparu aujourd'hui. Par faits généraux qu'une hypothèse satisfaisante devrait expliquer, on entend donc : 1º un phénomène tout à fait irrégulier, mais de toutes les nuits ; 2º un phénomène d'une régularité parfaite, qui revient tous les ans à la même époque ; 3º un phénomène intermédiaire, dont les retours changent rapidement de date ou même de mois, et qui parfois manque entièrement.

V. — Chaque année, le nombre des étoiles filantes va en croissant à partir de la fin de juillet, mais c'est les 9, 10 et 11 août qu'il est le plus marqué. Le maximum a lieu vers le 10, mais tantôt ce maximum est très marqué, parce que le nombre de météores double ou triple presque subitement ce jour-là ; d'autrefois il est moins sensible, en sorte que les observateurs non prévenus ou gênés par des nuages, pourraient prendre le 9 ou le 11 indifféremment, pour la date du point culminant de l'apparition. Des discordances d'un ou de deux jours doivent donc être considérées comme très admissibles, quand il s'agira d'observations anciennes. Si l'on peut négliger la précession pendant le cours de quelques années, cela n'est plus permis dans l'examen des siècles antérieurs. Si le phénomène du 10 août répond à un même point de l'orbite terrestre, sa date devra diminuer d'un jour à chaque période de 71 années 6 dixièmes comptée dans le passé, en sorte que 716 ans, par exemple, avant l'époque actuelle, le phénomène a dû arriver vers le 31 juillet. Les *Annales chinoises* citent une apparition le 5 août 1445 : le calcul ind que le 4 août. Elles mentionnent d'autres apparitions analogues entre le 25 et le 30 août, dans les années 924..., 933, à une époque où le maximum a dû tomber le 28, et d'autres encore de 821 à 841, toujours du 24 au 30, alors que le maximum devait coïncider avec le 27. Ainsi, avec les siècles, le phénomène remonte le cours des dates et avance d'un demi-mois en mille ans, précisément comme le ferait l'arrivée de la terre à un point fixe de l'écliptique. La seule conclusion que l'on puisse tirer d'un pareil fait, c'est que l'anneau d'astéroïdes vient couper l'orbite terrestre par un point sensiblement invariable, qui a aujourd'hui pour longitude 318 degrés, et que les choses se passent ainsi depuis un millier d'années. Les variations d'intensité des phénomènes reconnus récemment n'offrent d'ailleurs aucune difficulté. En admettant vingt ans, par exemple, pour la période de la variation d'intensité, le phénomène s'expliquerait par une inégale densité de l'anneau, combiné avec une différence de un vingtième entre le temps de sa rotation et la durée de l'année. Il n'en est pas de même du phénomène de novembre : les apparitions célèbres de 1799 et de 1833 ont bien eu lieu du 12 au 13, mais les autres ne se sont guère présentées à la même époque ; elles arrivent du 26 octobre au 16 novembre, et même elles ont totalement disparu aujourd'hui. L'apparition d'août s'explique donc très simplement par la présence d'un anneau de météores circulant autour du Soleil et coupant l'orbite de la Terre vers l'un de ses nœuds ; celle de novembre, suivant M. Faye, est un phénomène beaucoup plus complexe. Enfin, les étoiles sporadiques qui apparaissent chaque nuit dans toutes les directions, constituent à leur tour un phénomène différent des deux premiers.

VI. L'habile astronome croit qu'on expliquerait suffisamment ces phénomènes en considérant qu'à son passage à travers l'anneau du mois d'août, la Terre, ou plutôt la planète double, Terre et Lune, ne doit pas s'emparer seulement des corpuscules qui pénètrent dans son atmosphère et qui désormais font corps avec elle, mais aussi de ceux qui passent assez près d'elle avec une vitesse comprise entre de certaines limites, de manière à devenir de véritables satellites. Ces satellites, très excentriques pour la plupart, rentrent alors dans l'hypothèse de Laplace, qui en attribuait l'origine aux anciens volcans lunaires, et avec lesquels il pensait expliquer l'ensemble du phénomène. C'est à ces météores satellites que M. Faye attribue l'apparition continue des étoiles sporadiques, et même il leur croit une influence prépondérante sur le phénomène d'octobre à novembre. La provision actuelle de ces satellites finirait par s'épuiser si elle ne se renouvelait chaque fois, vers le 10 août, aux dépens de l'immense anneau de matière cosmique qui circule autour du Soleil. On pourrait ainsi expliquer la localisation de certains essaims de satellites, visibles seulement sur quelques points de l'horizon; l'apparition de novembre 1837 fut vue en Angleterre avec une grande splendeur, comme une véritable pluie de météores, tandis qu'en Prusse on ne voyait absolument rien de plus, par un ciel magnifique, que les rares étoiles sporadiques d'une nuit ordinaire. D'après les idées de M. Faye, il y aurait lieu de rapporter à la Terre et non plus au Soleil les mouvements d'une partie de ces météores; il faudrait distinguer entre le flux d'étoiles filantes d'août qui intéressent toute la Terre, et les flux moins réguliers des satellites, qui n'intéresseraient qu'une fraction de la surface du globe, à savoir la plus rapprochée du périgée de ces météores. Ceux-ci subiraient avec le temps, de la part de la Lune et de la Terre, des perturbations considérables, auxquelles les météores solaires échappent naturellement.

VII. — Ce qui a décidé les astronomes à rejeter absolument l'hypothèse des satellites de la Terre, c'est l'énorme vitesse qu'ils attribuent, en vertu de leurs mesures, à ces essaims de météores. On a trouvé, en effet, des vitesses variant de 25 à 175 kilomètres par seconde, c'est-à-dire plus de cinq fois la vitesse de la Terre dans son orbite. Ces résultats sont impossibles, car la plus grande vitesse qu'un corps appartenant à notre système puisse acquérir sous l'action du Soleil. ne saurait dépasser, dans la région que nous parcourons, 45 kilomètres par seconde. Il y a plus, la vitesse relative d'astéroïdes circulant autour du Soleil d'un mouvement direct, comme la Terre elle-même, et dans des orbites assez peu inclinées sur l'écliptique, ne doit pas dépasser une certaine fraction de celle de notre globe. Indépendamment de l'impossibilité théorique de ces vitesses, il suffit de jeter un coup d'œil sur la manière dont elles ont été obtenues pour voir le peu de confiance qu'elles méritent. En effet, quand il s'agit de mesurer la distance d'un point inaccessible, la science ne nous offre qu'un seul moyen, c'est de prendre une base de longueur connue et de mesurer les angles à la base du triangle dont le sommet est le point observé. Prenons, pour fixer les idées, une base de quelques lieues. pour obtenir une distance quadruple. Si nous mesurons les angles à une minute près, nous obtiendrons la distance à un quatre-centième; si nous les mesurons à un degré près, nous aurons la distance à un septième environ; mais si nos directions sont incertaines de plusieurs degrés, nous ne pourrons plus compter sur rien. Ce dernier cas, est précisément celui où se trouvent les astronomes lorsqu'il s'agit d'étoiles filantes. Ils rencontrent même une difficulté de plus, car, dans le cas habituel de l'arpentage, le plan du triangle est donné, en sorte que les rayons visuels se coupent du moins quelque part, tandis que, dans le cas des étoiles filantes, le plan du triangle lui-même n'est pas donné, et les directions observées, loin de se rencontrer, passent généralement bien loin l'une de l'autre. Il suffit, pour le comprendre, de se rappeler comment on opère : Il y a deux observateurs qui observent simultanément aux deux extrémités d'une base de plusieurs lieues. Chacun opère sans savoir ce que fait son voisin : il lui faut observer, dans le court espace d'une ou de deux secondes, le point de départ et le point d'extinction de chaque étoile qui file; il doit rapporter en imagination ces points, que rien ne distingue plus, aux étoiles voisines, par des sortes d'alignements, puis il marque de souvenir ces points sur une carte céleste. Comment pourrait-il ne pas se tromper le plus souvent de plusieurs degrés? S'agit-il de déduire de là la vitesse? Il faut encore tenir compte de l'incertitude du temps apprécié; or, ici, l'appréciation d'une durée est d'un tout autre ordre que l'appréciation de l'instant d'un simple phénomène, où les astronomes exercés obtiennent des résultats si étonnants d'exactitude.

VIII. — M. Faye démontre donc, d'une part, que les vitesses obtenues sont impossibles, et de l'autre que les procédés employés pour les obtenir n'offrent aucune garantie d'exactitude. Il expose ensuite un autre système pour arriver à des résultats satisfaisants; le voici en quelques mots : M. Faye propose d'appliquer les instruments de mesure, non plus aux étoiles filantes elles-mêmes, comme on a tenté, mais en vain, de le faire en Allemagne, à l'aide de l'ingénieux *météréoscope* en bois de M. Littrone, mais aux traces persistantes qu'un grand nombre de ces météores laissent après eux dans les régions élevées de l'atmosphère. Souvent, ces traînées de poussière ou de fumée incandescente durent assez pour laisser à deux observateurs le temps de pointer leurs lunettes, aux deux extrémités de la trajectoire, et même en un point intermédiaire. Quant au temps d'apparition et de disparition, ils doivent être enregistrés électriquement en chaque station. De plus, un fil télégraphique doit unir les deux stations, non pas pour déterminer leur différence de longitude, mais pour permettre aux observateurs de s'avertir mutuellement. Ainsi, d'après le système de M. Faye, vers l'époque d'une des apparitions extraordinaires, deux observateurs seraient placés en chaque station, munis chacun d'une lunette montée parallactiquement, à mouvements très faciles, d'une touche électrique correspondant à un appareil d'enregistrement, et servant à donner un signal à l'autre station. Le savant astronome ne doute pas que l'on ne puisse ainsi obtenir des mesures réelles. Quant à la supputation du nombre des étoiles filantes qui apparaissent jour par jour sur un horizon donné, M. Faye croit qu'il n'y a pas d'autre marche à suivre que celle de M. Coulvier-Gravier, l'homme le plus spécial en ce genre, c'est-à-dire une observation de chaque instant; mais il serait utile d'établir un centre analogue d'observations continues et régulières dans d'autres régions du globe terrestre, plus favorablement situées que notre zone tempérée. Au Mexique, par exemple, ou au Pérou, tout concourrait à assurer le succès d'un établissement pareil : l'altitude qui place l'observateur au-dessus de la couche la plus opaque de l'atmosphère, la sérénité du ciel, l'égale longueur des nuits, la simplicité des lois de l'illumination atmosphérique.

## CHAPITRE XV

### DIVISION DU TEMPS

Les anciens fondèrent la division du temps sur les mouvements des corps célestes les plus apparents, tels que le Soleil et la Lune.

La vicissitude admirable et perpétuelle de la lumière et des ténèbres, produite par la rotation de la Terre sur elle-même, fixa naturellement la longueur de cette partie de temps qui fut appelée *jour*.

La révolution apparente du Soleil autour de la Terre, dans l'espace de 365 jours et un quart, donna la mesure de l'*année*.

Le mouvement de la Lune autour de la Terre, détermina la durée du mois, qui est à peu près la douzième partie de l'année.

La division de la *semaine* en *sept jours*, date de l'origine même du monde.

La Genèse nous dit que Dieu créa le monde en six jours et qu'il se reposa le septième, c'est-à-dire qu'il cessa de créer, et le Seigneur commanda aux hommes de sanctifier le septième jour, en mémoire du repos qui suivit les œuvres de la création.

Les peuples, s'étant ensuite livrés à l'idolâtrie, donnèrent aux sept planètes connues alors les noms de leurs dieux principaux et consacrèrent le lundi à la Lune, le mardi à Mars, le mercredi à Mercure, le jeudi à Jupiter, le vendredi à Vénus, le samedi à Saturne et le dimanche au Soleil.

Le tableau sur lequel on indiquait les divisions du temps en jours, semaines, mois, années, fut appelé *calendrier*, des *kalendes* qui, chez les Romains, tombaient au premier jour de chaque mois.

La forme et la distribution du calendrier ne furent pas les mêmes chez les différents peuples ; et c'est ce qui a souvent hérissé de difficultés la chronologie et l'histoire.

Chez les Egyptiens, l'année civile était de 365 jours ; de sorte qu'en négligeant tous les ans à peu près un quart de jour, le commencement de leur année revenait avant que la Terre eût achevé sa révolution autour du Soleil, et par la suite, elle se présentait même dans les différentes saisons. Les Chaldéens tinrent compte de ce quart de jour, pour que leur année recommençât à la même époque, c'est pourquoi ils avaient successivement trois années de 365 jours, et faisaient la quatrième de 366. Ainsi, après 4 fois 365 ou 1460 ans, les Egyptiens, qui perdaient un jour tous les quatre ans sur l'année solaire, se trouvaient de 365 jours ou d'une année en avant sur les Chaldéens, et comptaient 1461 années, tandis que ceux-ci n'en comptaient que 1460.

Vers l'an 776 avant Jésus-Christ, les Grecs commencèrent à compter par olympiades. L'olympiade était une période de quatre ans, ainsi nommée des jeux olympiques, avec la célébration desquels elle s'accordait.

Chez les Romains, sous Romulus, l'année se composait de dix mois, dont mars était le premier, septembre le septième, octobre le huitième, novembre le neuvième, décembre le dixième ; du latin *septem, octo, novem, decem*. Peu de temps après, Numa ajouta les deux mois de janvier et de février. Depuis cette époque jusqu'à Jules César, le calendrier romain tomba peu à peu dans une telle confusion, que ce grand homme jugea qu'il était indispensable de le réformer. Eclairé des conseils de Sosigène, astronome égyptien, il établit le *calendrier julien,* 45 ans avant Jésus-Christ.

On convint qu'on intercalerait, comme chez les Chaldéens, un jour tous les quatre ans, et qu'on le placerait à la suite du sixième jour avant les calendes de mars, de sorte qu'il serait le second sixième jour, *bis sexta dies,* d'où est venu le nom de *bissextile,* que l'on donne aux années qui ont un jour de plus que les autres.

Cette correction fut, à la longue, insuffisante, car en donnant à l'année 365 jours et

un quart de durée, on l'avait faite trop longue de 11 minutes 9 secondes. Cette erreur,
presque imperceptible pour un court espace
de temps, produisait un jour à peu près en
134 ans; de sorte qu'en l'année 1582, l'équinoxe du printemps, qui aurait dû tomber au
20 mars, se présentait déjà le 10.

Le pape Grégoire XIII, pour ramener l'é-
quinoxe à son époque, ordonna que l'on sup-
primerait 10 jours, et que le lendemain du 4
octobre 1582 serait le 15. On convint encore
de retrancher trois bissextiles séculaires dans
l'espace de 500 ans; ainsi les années 1700 et
1800 n'ont pas été bissextiles; 1900 ne le sera
pas non plus, mais 2,000 le sera. La réforme du
calendrier *grégorien* fut, en général, promp-
tement adoptée, excepté par les Russes et par
les Grecs, qui conservent encore aujourd'hui
l'usage du calendrier *julien;* de sorte que
leur année est maintenant de 12 jours en retard sur la nôtre. Quand on correspond avec
ces peuples, on marque les deux dates; ainsi
8/20 juillet signifie que notre 20e jour de
juillet est le 8e dans le calendrier julien.

Le cycle solaire est une période de 28 ans,
à la fin de laquelle le dimanche et les autres
jours de la semaine reviennent dans le même
ordre et au même quantième, parce qu'au
bout de ce temps le Soleil se retrouve à fort
peu près au même signe et au même degré
de l'écliptique qu'il occupait 28 ans auparavant.

Si l'année était exactement composée d'un
certain nombre de semaines, les mêmes dates de
chaque mois retomberaient aux mêmes jours.

Mais comme les années communes renferment 52 semaines et 1 jour, et les années bisextiles 52 semaines et 2 jours, il s'ensuit qu'une année ne saurait ni commencer, ni finir par les mêmes jours qui ont commencé et fini l'année précédente, et que par conséquent les mêmes jours ne peuvent tomber aux mêmes quantièmes de mois dans ces deux années.

Cependant, au bout de 28 ans, le jour qui reste après les 52 semaines dans les années communes, et les deux jours excédant ces 52 semaines, dans les bissextiles, forment 5 semaines : alors. la 28e année se composant d'un nombre juste de semaines, il en résulte que tous les 28 ans les années ont les mêmes jours aux mêmes quantièmes de mois.

Le *nombre d'or* ou *cycle lunaire* est une période de 19 ans, au bout desquels les lunaisons reviennent aux mêmes quantièmes de mois, et presque aux mêmes heures ; et cela parce que 19 ans ou 228 de nos mois solaires répondent à peu près à 235 lunaisons.

Ces 19 années s'indiquent par les chiffres 1, 2; 3, 4, 5, etc., jusqu'à 19, puis on recommence. Par exemple, l'année 1865 à 4 pour nombre d'or, cela veut dire que 4 ans se sont écoulés depuis que le cycle lunaire a recommencé. On a nommé cette période *nombre d'or*, parce que le jour ou l'astronome Méton la fit connaître, les Athéniens en furent si satisfaits, qu'ils ordonnèrent que l'on exposât ce calcul en lettre d'or dans les places publiques, pour l'usage de tous les citoyens.

Cependant, on a reconnu depuis, que les nouvelles lunes ne reviennent pas exactement à la même heure tous les 19 ans, comme l'avait cru Méton. La différence est d'environ une heure et demie, ce qui donne un jour 30 minutes au bout de 312 ans. C'est pourquoi on a été obligé d'abandonner le *nombre d'or*, et l'on a imaginé les *épactes* (du grec *épacte*, surajouter) pour trouver l'âge de la lune avec plus de justesse et de précision.

L'*épacte* est l'âge que la dernière lune d'une année a au commencement de l'année suivante. Ainsi, le nombre inscrit dans les almanachs à la suite du mot *épacte*, indique le nombre de jours écoulés depuis la dernière nouvelle lune d'une année jusqu'au 1er janvier de l'année suivante. Par exemple, en 1852, l'épacte est 9, ce qui montre que la dernière lune de 1851 avait 9 jours d'âge lorsqu'est venu le 1er janvier 1852, et que, par conséquent, elle avait renouvelé le 21 décembre 1851. L'épacte venant de l'excès de l'année solaire sur l'année lunaire, il ne s'agit, pour la calculer pour telle ou telle année, que de connaître cet excès, qui est de 11 jours. Par exemple, en 1843, l'année solaire a commencé en même temps que l'année lunaire ; l'épacte de cette année a donc été 0, puisque les années solaire et lunaire concordaient. En 1844, l'épacte a été 11, c'est-à-dire l'excès de l'année solaire. En 1845, elle a été de 22 ou deux fois 11. En 1846, elle a été de 33 ou trois fois 11 ; mais comme l'épacte n'excède jamais le nombre 30, parce que 30 jours font un mois, de ce nombre 33, on a retranché 30 ou un mois intercalaire ; l'on a ajouté ce mois à l'année 1846, qui par là s'est trouvée composée de 13 lunaisons, et il est resté 3 pour épacte de 1846.

Il n'est pas très difficile de faire un calendrier, car il ne s'agit principalement que de trouver le quantième du jour où doit tomber la fête de Pâques. Ce jour étant une fois fixé, les fêtes mobiles se rangent sans difficulté dans leur ordre.

Le concile de Nicée ordonna en 325, que l'on célébrerait la Pâque le premier dimanche après la pleine lune qui suit l'équinoxe de printemps, c'est-à-dire celle qui tombe au 21 mars ou après. Pour connaître ce dimanche, il faut chercher, au moyen de l'épacte, à quel quantième tombe la nouvelle lune de mars, puis ajouter quatorze jours à la date où elle tombe pour avoir le jour de la pleine lune.

Si ce jour tombe le 21 mars ou après, Pâques est le dimanche suivant. Mais si la pleine lune tombe avant le 21 mars, ce n'est qu'au dimanche d'après la pleine lune suivante qu'on fixera cette fête. C'est pour cela qu'elle peut varier depuis le 22 mars, comme en 1818, jusqu'au 25 avril, comme en 1886.

Le jour de Pâques une fois déterminé, les fêtes mobiles trouvent naturellement leur place, et le reste du calendrier s'achève sans difficulté.

Les anciens désignaient sous le nom de *grande année*, une période très longue, après laquelle tous les phénomènes planétaires devaient se reproduire dans le même ordre et

aux mêmes époques. Les astrologues prétendaient que les événements de la Terre étaient
liés aux phénomènes célestes, de sorte qu'il
devenait très important de définir avec exactitude la grande année, dont tous les événements historiques devaient se reproduire indéfiniment. D'après cela, l'histoire d'une
grande année quelconque aurait été le résumé
de l'histoire universelle. Voici, d'après Arago,
les principales idées que les anciens atta-
chaient à la grande année, et la durée que
les principaux auteurs ont attribuée à cette
période. La *grande année*, appelée aussi
*année parfaite, année du monde*, était le
temps qu'il fallait aux sept planètes des anciens, pour revenir à leurs mêmes positions
relatives. Bérose dit que la grande année
commence lorsque les sept planètes ont leurs
centres sur une même ligne droite. Assimilant
la grande année aux années ordinaires de la
vie civile, Aristote croyait que l'hiver de cette
période correspondait à un *déluge universel*,
et l'été à une *conflagration générale*. D'ailleurs, l'hiver devait avoir lieu, d'après Bérose,
lorsque la ligne passant par le centre des
sept planètes aboutirait au Capricorne, et
l'été, lorsque la même ligne passerait par le
Cancer. Il ne paraît pas que les anciens fussent d'accord sur la nature des phénomènes
que devait amener la grande année. Les uns
prétendaient qu'il n'y aurait que des incen-
dies, et les autres que des inondations. Quant
à la durée de l'année du monde, certains auteurs lui donnent 6,670,000 ans, tandis que
d'autres, moins hardis, ne lui attribuent pas

de durée certaine, disant que Dieu seul peut connaître la longueur de la grande année. Cicéron et Hésiode étaient de ce dernier avis. Dans son *Astronomie populaire*, Arago rapporte d'après Hésiode :

| | |
|---|---:|
| La durée de la vie de l'homme est de.................... | 90 ans. |
| La corneille vit 9 fois plus que l'homme, soit............ | 864 — |
| Le cerf, 4 fois plus que la corneille, soit................ | 3.456 — |
| Le corbeau, 3 fois plus que le cerf, soit................ | 10.368 — |
| Le phénix, 9 fois plus que le corbeau, soit............. | 93.312 — |
| Les hamadryades, 10 fois plus que le phénix, soit........ | 933.120 — |

« Hésiode, ajoute Arago, après toutes ces hardiesses, déclare cependant qu'il ignore absolument quelle est la durée de la grande année, et que Dieu seul peut la connaître. »

Ainsi, la grande année était une période complétement basée sur les croyances astrologiques. Sa durée variait avec les idées particulières de chaque astronomie. Elle a exercé une grande influence sur l'astronomie, en obligeant, pour ainsi dire, ceux qui voulaient connaître sa durée à étudier avec soin les révolutions des astres, et par conséquent à faire avancer la science, dont les progrès devaient, à leur tour, anéantir le prestige des prédictions astrologiques.

# CHAPITRE XVI

## ASTROLOGIE.

*Dogmes des astrologues. — Faits curieux.* — Rien n'est plus curieux que les sciences et les arts à leur origine. On est surpris de voir les erreurs et les préjugés qu'ont partagés les esprits les plus vigoureux et les intelligences d'élite qui ont commencé à défricher le terrain intellectuel; éloquent avertissement pour les savants et surtout pour les pédants qui croient tout savoir.

Astrologie vient d'*astron*, astre, et de *logos*, discours, traité. C'est une science au moyen de laquelle on se flattait de prédire l'avenir. L'astrologie est née de l'astronomie, qui, suivant l'expression d'un célèbre astronome, est la mère sage d'une fille folle. On distingue :

1° L'astrologie naturelle, qui a pour objet de prédire le retour des astres, les éclipses, les marées et même les changements de temps, les tempêtes, les sécheresses et les inondations, en s'appuyant sur les données de l'astronomie;

2° L'astrologie judiciaire, par laquelle on prétendait pouvoir, au moyen de la présence des astres et de leur aspect, prédire les destinées des hommes et des empires. Cette deuxième est la seule que l'on désigne aujour-d'hui sous le nom d'astrologie.

La plupart des auteurs croient que la science mystérieuse de l'astrologie a pris naissance dans la Chaldée, d'où elle pénétra en Egypte, en Grèce et en Italie ; plusieurs en attribuent l'invention à Cham, fils de Noé.

Ce sont les Egyptiens dit Hérodote, qui enseignèrent à quel dieu chaque mois et chaque jour est consacré. Ils observèrent les premiers, suivant le même historien, sous quelle constellation un homme est né, pour prédire sa fortune, les aventures de sa vie et le genre de sa mort.

On croyait que les astres réglaient par leur influence la vie et la destinée des hommes ; que chaque planète, chaque constellation, dirigeait vers le bien ou le mal l'être créé sous elle ; et que, par conséquent, un astrologue n'avait besoin de connaître que l'heure et la minute de la naissance, pour déterminer le tempérament, les facultés de l'esprit, la destinée, les maladies, le genre de mort et le jour même de la mort. Telle était la croyance non-seulement de la multitude, mais même des personnes que le rang, les connaissances et les lumières semblaient devoir élever au-dessus de ces préjugés.

Presque tous les anciens croyaient à l'astrologie. On peut citer Hippocrate, Virgile, Horace, etc.

« J'ai lu dans le registre du ciel tout ce qui doit vous arriver, à vous et à vos fils, » disait Bélus, roi de Babylone, à ses enfants.

Il y a sans doute quelque chose de vrai

dans les données des astrologues; mais il est étonnant avec quelle opiniâtreté on tint à l'exagération de leurs idées, quoique les prédictions se trouvassent souvent fausses. Les évêques et autres ecclésiastiques du premier ordre, les philosophes et les médecins les plus célèbres tiraient l'horoscope; on faisait dans les universités des cours sur cet objet comme sur la géomancie et la cabale.

Marsilius Ficinius, dans son *Traité sur la prolongation de la vie*, qui parut dans le siècle dernier, recommandait à toutes les personnes prudentes de consulter tous les sept ans un astrologue, afin d'avoir des renseignements sur les dangers qu'elles pouvaient avoir à courir pendant les sept années suivantes, et surtout de respecter et d'employer convenablement les remèdes des trois rois : l'or, la myrrhe et l'encens.

M. Pensa, en 1720, dédia au conseil de Leipzick un livre intitulé : *De prorogandâ vitâ, aureus libellus*, dans lequel il recommande à ces messieurs, comme une chose essentielle, de bien apprendre à distinguer les constellations qui leur étaient favorables et celles qui leur étaient contraires, et d'être sur leurs gardes tous les sept ans, époque à laquelle régnait Saturne, planète très maligne.

Voici, en résumé, la doctrine des astrologues :

Sept astres principaux et les douze constellations influent particulièrement sur la destinée humaine et sur les événements. Les sept astres illustres sont : le Soleil, la Lune, Vénus, Jupiter, Mars, Mercure et Saturne.

Le Soleil préside à la tête, la Lune au bras droit, Vénus au bras gauche, Jupiter à l'estomac, Mars aux parties sexuelles, Mercure au pied droit, et Saturne au pied gauche.

Dans les constellations, le Bélier gouverne la tête ; le Taureau, le cou ; les Gémeaux, les bras et les épaules ; l'Ecrevisse, la poitrine et le cœur ; le Lion, l'estomac ; la Vierge, l'abdomen ; la Balance, les reins et les parties postérieures ; le Scorpion, les parties sexuelles ; le Sagittaire, les cuisses ; le Capricorne les genoux ; le Verseau, les jambes ; les Poissons, les pieds.

Non seulement les individus, mais les Etats, les villes, chaque lieu, étaient placés sous l'influence des constellations. Dans le cours du seizième siècle, des astrologues d'Allemagne déclarèrent Francfort sous l'influence du Bélier, Vurtzbourg sous celle du Taureau, Nuremberg sous celle des Gémeaux, Magdebourg sous celle de l'Ecrevisse, Ulm sous le Lion, Heidelberg sous la Vierge, Vienne sous la Balance, Munich sous le Scorpion, Stuttgard sous le Sagittaire, Augsbourg sous le Capricorne, Ingolstadt sous le Verseau, et Ratisbonne sous les Poissons.

Albert le Grand a assigné aux astres les influences suivantes :

Saturne était censé dominer sur la vie, les changements, les sciences et les édifices ;

Jupiter, sur l'honneur, les souhaits, les richesses et la propreté des habits ;

Mars, sur la guerre, les prisons, les mariages, et les haines ;

Le Soleil, sur l'espérance, le bonheur, le gain et les héritages ;

Vénus, sur les amitiés et les amours ;

Mercure, sur les maladies, les dettes, le commerce et la crainte ;

La Lune, sur les plaies, les songes et les larcins.

Chacun de ces astres présidait à un jour de la semaine, à une couleur, à un métal, etc.

Le Soleil gouvernait le dimanche, la Lune, le lundi ; Mars, le mardi ; Mercure, le mercredi ; Jupiter, le jeudi ; Vénus, le vendredi ; Saturne, le samedi.

Le Soleil figurait le jaune ; la Lune, le blanc ; Vénus, le vert ; Mars, le rouge ; Jupiter, le bleu ; Saturne, le noir ; Mercure, les couleurs nuancées.

Le Soleil présidait à l'or ; la Lune, à l'argent ; Vénus, à l'étain ; Mars, au fer ; Jupiter, à l'airain ; Saturne, au plomb ; Mercure, au vif-argent.

Le Soleil était censé bienfaisant et favorable ; Saturne, triste, morose et froid ; Jupiter, tempéré et bénin ; Mars, ardent ; Vénus, bienfaisante et féconde ; Mercure, inconstant ; la Lune, mélancolique.

Dans les constellations, le Bélier, le Lion et le Sagittaire sont chauds, secs et ardents ; le Taureau, la Vierge et le Capricorne sont lourds, froids et secs ; les Gémeaux, la Balance et le Verseau sont légers, chauds et humides ; l'Écrevisse, le Scorpion et les Poissons sont humides, mous et froids.

On tire l'horoscope en étudiant les combinaisons de ces influences, en examinant avec soin les rencontres des planètes avec les constellations. Par exemple, si Mars se rencontre avec le Bélier au moment de la naissance, on a un pronostic qui annonce du courage, de la fierté et une longue vie.

Mars, suivant les astrologues, augmente l'influence des constellations avec lesquelles il se trouve, et ajoute la valeur et la force.

Saturne, symbole des mauvaises influences, gâte les bonnes.

Vénus augmente les bonnes et diminue les mauvaises.

Mercure augmente ou diminue les influences, suivant qu'il se rencontre avec un signe du zodiaque présageant bonheur ou malheur.

Les astrologues tiraient aussi des pronostics des aurores boréales, des comètes, etc.

Pour que l'horoscope ne trompât point, il était nécessaire d'en commencer les opérations précisément à la minute où l'enfant naissait, ou au moment précis d'une affaire dont on désirait connaître les suites.

Le fameux Thurneisen, homme vraiment rare et le phénomène le plus extraordinaire dans le genre de l'astrologie, vivait dans le siècle dernier, à la cour électorale de Berlin, dit le docteur Hufeland, où il était tout à la fois médecin de la cour, chimiste, tireur d'horoscopes, faiseur d'almanachs, imprimeur et libraire. Sa réputation d'astrologue était si étendue, qu'il ne naissait presque pas d'enfants dans une famille distinguée d'Allemagne, de Pologne, de Hongrie, de Danemark, même d'Angleterre, sans qu'on lui envoyât sur-le-champ un exprès qui lui annonçait le moment précis de la naissance. Il lui arrivait souvent trois, et jusqu'à dix ou douze messages de ce genre à la fois, et il finit par être tellement surchargé de besogne qu'il fut obligé de prendre des associés.

On voit encore, dans la bibliothèque de Berlin, des volumes entiers contenant des demandes de ce genre, et dans lesquels se trouvent même des lettres de la reine Eli abeth. Outre cela, il écrivait tous les ans un almanach astrologique, dans lequel il marquait, en peu de mots ou avec quelques signes, nonseulement la qualité de l'année en général, mais encore les principaux événement et la température des différents jours. Il ne donnait, il est vrai, cette explication que l'année suivante ; cependant il est certain qu'à force d'argent et de flatterie, il communiqua plusieurs fois ses observations d'avance. On ne peut trop admirer les effets d'un oracle rendu en termes vagues, et auquel le hasard donne un accomplissement heureux. Son almanach eut, pendant plus de vingt ans, un succès prodigieux, et, joint à quelques autres charlataneries, procura à l'auteur un capital de quelques centaines de mille florins.

Mais comment un art qui met à la vie des bornes inévitables pouvait-il offrir un secret pour la prolonger ? Voici quel était ce procédé ingénieux : de même que chaque homme, comme nous l'avons déjà fait remarquer, est soumis à l'influence d'une certaine constellation, tout autre corps du règne animal ou végétal, et même des pays entiers et des maisons, avaient leurs constellations séparées, auxquelles ils étaient soumis. C'est surtout entre les planètes et les métaux qu'il y avait un rapport parfait. Ainsi, dès qu'un homme savait de quelles constellations son malheur et ses maladies provenaient, il n'avait besoin que de se servir des aliments, des boissons et des demeures placées sous l'influence des planètes opposées. Il en résulta une nouvelle diététique, mais bien différente sans doute de celle des Grecs. Y avait-il un jour qui, étant soumis à une constellation dangereuse, menaçait de maladie et d'un accident quelconque, aussitôt on se rendait dans un lieu placé sous un astre bienfaisant, ou bien on prenait des aliments et des médecines qui, soumis à une constellation bienfaisante, détruisaient l'influence de la première.

C'est la même raison qui faisait espérer de pouvoir conserver sa vie par le moyen des amulettes et des talismans. Les métaux étant dans un rapport parfait avec les planètes, il suffisait de porter sur soi un talisman composé de métaux fondus ensemble, jetés au moule et gravés sous certaines constellations, et en rapport avec elles, pour s'approprier toute la vertu et la protection de sa planète. Ainsi, on avait des talismans contre les maladies qui provenaient de l'influence non-seulement d'une planète, mais aussi de celle des autres astres ; on en avait même auxquels, par l'alliage de certains métaux et par les procédés particuliers dont on se servait en les fondant, on communiquait la vertu miraculeuse de détruire l'influence de la constellation maligne qui avait présidé à la naissance, de faire parvenir à des postes éminents et de réussir en affaire, en mariage, etc. S'il y avait dessus l'empreinte de Mars dans le signe du Scorpion et s'ils avaient été fondus sous cette constellation, ils rendaient victorieux et invulnérable à la guerre.

Les soldats allemands étaient tellement pénétrés de cette idée, qu'un auteur français, parlant de leur défaite en France, dit qu'on avait trouvé des amulettes au cou de tous les morts et prisonniers. Toutefois, l'image des divinités des planètes ne devait point avoir de forme antique; il fallait qu'elle eût une forme mystique et extraordinaire. Il existe un de ces talismans contre les maladies qui provenaient de l'influence de la planète de Jupiter, avec la figure de Jupiter. Ce dieu, suivant l'expression de M. Hufeland, y ressemble parfaitement à un Wittembergeois ou à un professeur de Bâle. Le menton couvert d'une longue barbe, revêtu d'une redingote large et fourrée, il tient dans la main gauche un livre ouvert, et fait des gestes de la main droite.

Les historiens français observent que l'astrologie judiciaire était tellement en vogue sous la reine Catherine de Médicis, qu'on n'osait rien entreprendre d'important sans avoir auparavant consulté les astres; et, sous les règnes de Henri III et de Henri IV surtout, les astrologues étaient regardés comme les interprètes des volontés du Ciel.

Tout le monde connaît cet apologue :

Certain roi jusqu'à la folie
Aima jadis l'Astrologie :
Toujours marchait à ses côtés
Un docteur à longues lunettes ;
Et de ce conteur de sornettes,
En aveugle il suivait toutes les volontés
Sur ses projets divers, sur ses peines secrètes
Les astres étaient consultés.
C'était un faible ridicule :
Mais les rois sont friands d'apprendre le futur
Un hasard détrompa le prince trop crédule.
Un jour que le Soleil, plus brillant et plus pur
Invitait le monarque à s'ébattre à la chasse,
Il sort. Le pédant suit. Le ciel devient obscur.
L'air s'épaissit, l'orage le menace.
Le monarque tremblant consulte son docteur
Alors d'un ton de pédagogue :
« Calmez votre souci, Seigneur,
Je promets du beau temps, » lui répond l'Astrologue.
Sur la parole du menteur,
On s'avance, on s'exerce aux travaux de Diane.
La meute était au champ lorsque parut un âne.
Un pitaud le suivait. « Bonhomme, par ta foi,
Pleuvra-t-il ? demanda le roi.
— Sire, j'aurons de l'iau, sans doute,
Dit le manant sans se troubler :
J'aperçois du baudet les oreilles trembler ;
C'est un présage sûr. » Le monarque l'écoute.
Et se sait bon gré d'avoir mis
Et le docteur et l'âne en compromis,
L'astrologue en pâlit. Cependant la tempête
Commence à fondre sur leur tête.
Le prince bien mouillé chassa de son palais,
Des doctes charlatans la gent porte-soutane (1).
Et jura ses dieux que jamais
Il ne consulterait d'autre docteur qu'un âne.


Cet apologue exprime avec une délicieuse
et piquante naïveté le cas que l'on doit faire
des indications de l'astrologie.

(1) Les astrologues portaient alors des soutanes

## DU MÊME AUTEUR :

La *Science populaire* (1) *ou Revue du progrès des connaissances et de leurs applications aux arts et à l'industrie.* Cette publication a l'avantage d'être en même temps un ouvrage de circonstance par la nouveauté des sujets qui y sont traités, et un ouvrage de fonds par la forme et les développements. L'auteur a reçu à ce sujet de nombreux témoignages de sympathie; le suivant lui rappelle de précieux souvenirs :

« Mon cher Rambosson,

» Je vous remercie de l'envoi de votre nouvelle publication, la *Science populaire* qui, je l'espère, sera accueillie du public comme l'étaient vos articles qui faisaient la joie de l'illustre et excellent Béranger. C'était pour vous un ami, et il était, disait-il, enchanté de comprendre la science en vous lisant.

. . . . . . . . . . . . . . . . . . .

» Je joins mon suffrage à celui d'un si grand homme, et vous prie de recevoir mes félicitations pour votre œuvre et mes amitiés pour votre personne.

» J'ai été, je suis et je serai votre ami,

» BABINET,
» de l'Institut. »

(1) Chez E. Lacroix, librairie scientifique, industrielle et agricole, 15, quai Malaquais.

# TABLE ANALYTIQUE DES MATIÈRES

—

# CHAPITRE III

## LE SOLEIL



# CHAPITRE IV

## MERCURE



# CHAPITRE V

## VÉNUS

## CHAPITRE VI

### LA TERRE

# CHAPITRE VII

### LA LUNE

Pages.

La Lune, sa nature, sa grandeur, ses montagnes, son climat, ses mouvements divers ; révolution sidérale ; surprenante accélération du mouvement de la Lune. La Lune pourrait-elle tomber sur la Terre ? Expériences simples et faciles pour l'explication des phases de la Lune. — Réflexion de la lumière de la Terre vers la Lune et de la Lune vers la Terre. — Lumière cendrée.......... 

# CHAPITRE VIII

### DES ÉCLIPSES

Eclipse du 15 mars 1858. — Observations faites à l'Observatoire technomatique. — Théorie des éclipses de Soleil et de Lune. — Utilité de la connaissance des éclipses pour déterminer les dates douteuses. — Histoire de la connaissance des éclipses. — Instrument curieux indiquant les éclipses passées et futures. — Terreurs inspirées par les éclipses ; faits curieux. — Christophe Colomb. — Passage de Fontenelle. — Obscurité répandue par les éclipses et curieuses relations. — Effet que produit cette

## CHAPITRE IX

### DES MARÉES



## CHAPITRE X

### LA PLANÈTE MARS

# CHÂPITRE XIII

## LES COMÈTES



# CHAPITRE XIV

## BOLIDES, ÉTOILES FILANTES, AÉROLITHES

## CHAPITRE XV

### DIVISION DU TEMPS

Division du temps : le jour, la semaine, le
mois. — L'année, année des Egyptiens

# AVIS

Commencée en août 1865, l'*Ecole mutuelle* sera terminée dans l'espace d'une année. Les éditeurs, pressés par la légitime impatience de leurs nombreux souscripteurs, avaient cru pouvoir publier un volume tous les quinze jours; mais ils avaient compté sans le retard apporté, soit par les auteurs dans la remise de leurs ouvrages, soit par les dessinateurs et les graveurs. Nous ne pourrons donc nous astreindre à suivre rigoureusement l'ordre indiqué dans le Catalogue ci-contre; mais, nous le répétons, la collection sera complétement publiée en août 1866.

## EN VENTE :

1º GRAMMAIRE FRANÇAISE, d'après les meilleurs maîtres.

2º ARITHMÉTIQUE, par M A. Collin, ancien instituteur, suivie de *Notions sur la tenue des livres.*

3º HISTOIRE NATURELLE ÉLÉMENTAIRE, par A. Ysabeau, ornée de 50 gravures sur bois, par E. Ysabeau.

4º AGRICULTURE, par P. Joigneaux.

5º COSMOGRAPHIE, par J. Rambosson, ornée de 10 gravures.

## SOUS PRESSE :

BOTANIQUE, par A. Ysabeau, ancien professeur d'histoire naturelle, ornée d'un grand nombre de gravures sur bois, avec préface de M. ALPHONSE KARR.

GÉOGRAPHIE GÉNÉRALE, par M. R. Fléchambault.

DROIT USUEL ET LÉGISLATION, par M. Armand Masson.

# CATALOGUE

## DE

# L'ÉCOLE MUTUELLE

### COURS D'ÉDUCATION POPULAIRE

EN 24 VOL. A 25 C.; 35 C. RENDU FRANCO

RÉDIGÉ

### par une société de Professeurs et de Publicistes

—

La Grammaire. — L'Arithmétique et Tenue de Livres. — Dessin linéaire et Géométrie. — Géographie générale. — Géographie de la France. — Cosmographie. — Musique. — Histoire naturelle. — Botanique. — Agriculture. — Physique. — Chimie. — Hygiène et Médecine. — Histoire ancienne. — Histoire du moyen âge. — Histoire moderne. — Histoire de France. — Droit usuel et Législation. — Philosophie et Morale. — Mythologie et Histoire des Religions. — Histoire littéraire. — Inventions et Découvertes. — Dictionnaire de la Langue française usuelle.

PARIS. — IMP. DE DUBUISSON ET Cᵉ, 5, RUE COQ-HÉRON